Outils de confidentialité à l'ère de l'IA : Stratégies pratiques grâce aux VPN, DNS sécurisé, relais privé et défenses pilotées par l'IA

ISBN 978-1970482041

Bien que tous les efforts possibles aient été mis en œuvre pour s'assurer que les informations contenues dans ce livre étaient correctes au moment de la publication, l'auteur n'assume pas et décline par la présente toute responsabilité envers toute partie pour toute perte, dommage ou perturbation causée par des erreurs ou des omissions, que ces erreurs ou omissions résultent d'une négligence, d'un accident ou de toute autre cause.

Table des matières

1 Introduction

À l'ère de l'intelligence artificielle (IA), la confidentialité et la sécurité en ligne n'ont jamais été aussi importantes. Dans notre monde interconnecté, de nombreux aspects de notre vie numérique – habitudes de navigation, localisation, informations sur les appareils et même données personnelles – peuvent être suivis ou exploités. Ce livre fournit des **conseils pratiques et complets** pour protéger votre confidentialité à l'aide d'outils modernes. Nous couvrons tout, des VPN et DNS chiffré au durcissement des navigateurs en passant par les fonctionnalités récentes des plateformes (comme relais privé iCloud d'Apple ou la confidentialité liée à l'IA). Tout au long de l'ouvrage, nous proposons des tutoriels pas à pas, des tableaux comparatifs et des exemples de code pour des configurations graphiques (GUI) et en ligne de commande (CLI) sous Windows, macOS, Linux, Android et iOS. Après l'avoir terminé, vous aurez une compréhension approfondie de la manière de construire une « pile » de confidentialité robuste et le savoir-faire nécessaire pour la configurer.

Pourquoi la confidentialité numérique est importante : Chaque fois que vous êtes en ligne, votre appareil communique avec des serveurs du monde entier – chaque requête web, connexion ou téléchargement laisse une trace. Les fournisseurs d'accès à Internet (FAI), les sites web, les réseaux publicitaires et même des acteurs malveillants peuvent consigner cette activité. Une requête DNS standard, par exemple, peut révéler chaque site que vous visitez (adresses IP et noms d'hôte). Sans protection, votre historique de navigation peut être enregistré, analysé ou vendu. Dans certaines régions, les FAI sont légalement tenus de conserver des journaux d'activité des utilisateurs. Même avec des connexions chiffrées sécurisées, des métadonnées comme l'adresse IP et le nom d'hôte de destination peuvent divulguer des informations. Notre objectif est de **limiter les informations exposées**. Nous utilisons le chiffrement (VPN, TLS, DNS chiffré) pour masquer le trafic, des outils d'anonymisation (par exemple Tor) pour dissimuler l'identité, et les paramètres des appareils et des navigateurs pour réduire le suivi. Cette approche de défense en profondeur part du principe qu'aucun outil n'est parfait, mais qu'ensemble ils améliorent fortement votre confidentialité.

Modèle de menaces et principes : Qui pourrait vous observer ? Il peut s'agir de votre FAI, de grandes entreprises technologiques, de gouvernements ou de pirates informatiques. Chacun peut disposer de capacités différentes (surveillance passive, interférence active, forte autorité légale, etc.). Nous supposons le pire des cas : des attaquants pourraient intercepter votre trafic Internet ou exploiter des serveurs DNS. Nous supposons également que vous n'accordez qu'une confiance limitée à certains fournisseurs (comme Cloudflare ou Apple). Les principes clés incluent : *chiffrer tout le trafic sensible, éviter la journalisation, minimiser la collecte de données* et *séparer l'identité de l'activité*. Par exemple, un VPN peut masquer votre adresse IP aux sites web, mais vous devez faire confiance au fournisseur du VPN pour qu'il ne conserve pas de journaux d'utilisation. Relais privé iCloud d'Apple tente de répartir la confiance en utilisant deux relais (afin qu'aucune entité ne connaisse à la fois votre identité et ce que vous consultez). Nous verrons de nombreux compromis de ce type.

Tout au long de ce livre, nous utilisons un format pas à pas. Les termes importants sont introduits dans leur contexte. Les exemples de configuration et de code sont signalés par des blocs de code, et des tableaux comparatifs aident à résumer les choix. Au chapitre 2, nous commencerons par les bases de la confidentialité réseau et des menaces.

2 Principes fondamentaux de la confidentialité réseau et des menaces

La confidentialité commence par la compréhension des données que votre appareil envoie et de ce qui peut être observé ou consigné. Chaque requête Internet implique des résolutions DNS, des connexions à des adresses IP et l'envoi de paquets contenant des métadonnées non chiffrées.

- **DNS et visibilité :** Normalement, lorsque vous saisissez une adresse Internet, votre appareil envoie une requête DNS (souvent en clair) à un résolveur (généralement votre FAI ou un DNS public). *Cela révèle les noms de domaine exacts que vous consultez*, et qu'un observateur peut enregistrer. Sans protection, un espion réseau voit chaque requête de domaine et les connexions IP depuis votre appareil.

- **Suivi de l'adresse IP :** Votre adresse IP publique (attribuée par votre FAI) relie l'ensemble de votre activité à vous. Elle peut révéler votre localisation approximative et votre FAI. Les sites web et les traqueurs consignent souvent les adresses IP dans leurs journaux d'accès. Si une personne peut associer votre adresse IP à votre identité (par exemple via les enregistrements du FAI), elle sait quels sites vous visitez.

- **Métadonnées de trafic :** Même si vous utilisez HTTPS, qui chiffre le contenu, un observateur peut voir *quelles adresses IP vous contactez* et *quand*. Le contenu est masqué, mais des schémas persistent (par exemple, vous avez contacté `1.1.1.1`, qui appartient à Cloudflare).

- **Empreinte de l'appareil et des applications :** Les navigateurs et les applications mobiles exposent de nombreux détails (agent utilisateur, polices installées, taille de l'écran, etc.) qui peuvent vous identifier de manière unique (une « empreinte »). Cela permet un suivi entre les sessions si aucune mesure n'est prise.

- **Corrélation interappareils :** L'utilisation des mêmes identifiants ou comptes sur plusieurs appareils permet à un adversaire de relier vos activités sur mobile, ordinateur et autres appareils.

Termes et acronymes importants :

Vous trouverez ci-dessous des définitions claires et concises des principaux termes et acronymes utilisés dans ce livre. Utilisez-les comme référence rapide pendant votre lecture.

1. **DNS :** Domain Name System (système de noms de domaine). L'« annuaire » d'Internet qui traduit les noms de domaine lisibles par l'homme (comme example.com) en adresses IP numériques utilisées par les ordinateurs pour acheminer le trafic.

2. **Résolution DNS :** La requête que votre appareil envoie à un résolveur DNS pour demander « quelle est l'adresse IP de <nom de domaine> ? ». Avec le DNS par défaut (non chiffré), ces requêtes sont visibles par toute personne observant le réseau.

3. **Adresse IP :** Adresse du protocole Internet. Identifiant numérique attribué à un appareil ou à un serveur sur un réseau (par exemple 192.0.2.1). Une adresse IP publique révèle votre localisation approximative et votre FAI.

4. **FAI :** Fournisseur d'accès à Internet. L'entreprise (par exemple votre fournisseur d'accès domestique ou votre opérateur mobile) qui vous fournit l'accès à Internet. Les FAI voient couramment le trafic non chiffré et les requêtes DNS de leurs clients.

5. **Métadonnées :** Données sur les données. En réseau, les métadonnées incluent des informations telles que les adresses IP contactées, le moment, la taille des transferts et les noms DNS interrogés.

6. **Métadonnées de trafic :** Sous-ensemble des métadonnées générées par l'activité réseau : horodatages, adresses IP de destination, tailles de paquets, durées de connexion et autres éléments observables pouvant révéler des habitudes ou des schémas même lorsque le contenu est chiffré.

7. **Empreinte de l'appareil et des applications :** Technique qui collecte de nombreux petits points de données (version du navigateur, polices, taille de l'écran, extensions installées, etc.) afin de créer une « empreinte » unique permettant d'identifier ou de suivre un appareil entre les sessions et les sites.

8. **Corrélation interappareils :** Association d'activités provenant de plusieurs appareils (par exemple téléphone, ordinateur portable, tablette) à une seule personne ou à un seul compte, généralement via des identifiants partagés, des adresses IP ou d'autres signaux.

9. **Modèle de menaces :** Description de qui ou de quoi vous vous protégez et de ce qu'ils peuvent faire. Exemples : espions Wi-Fi locaux, votre FAI, sites web malveillants, acteurs étatiques. Un modèle de menaces guide le choix des protections nécessaires.

10. **Chiffrement de bout en bout (E2EE) :** Modèle de sécurité dans lequel seuls les points de terminaison communicants (expéditeur et destinataire) peuvent lire le contenu des messages. Les intermédiaires (y compris les fournisseurs de services) ne peuvent pas le déchiffrer. Courant dans la messagerie sécurisée (par exemple Signal).

11. **Chiffrement réseau :** Chiffrement qui protège le trafic pendant sa traversée des réseaux (par exemple tunnels VPN, TLS pour HTTPS). Il empêche les observateurs sur le chemin de lire le contenu des paquets, même si certaines métadonnées (comme les adresses IP) peuvent rester visibles selon la configuration.

12. **VPN :** Virtual Private Network (réseau privé virtuel). Service ou technologie qui crée un « tunnel » chiffré entre votre appareil et un serveur VPN. Cela masque votre véritable adresse IP aux sites de destination et empêche les observateurs locaux (comme le Wi-Fi public ou le FAI) de voir le contenu ou les destinations de votre trafic.

13. **Tunnel :** Terme courant désignant une connexion chiffrée (par exemple un tunnel VPN) qui encapsule et protège votre trafic réseau lorsqu'il traverse un réseau non fiable.

14. **DNS chiffré :** Toute méthode DNS qui empêche l'observation en clair des requêtes sur le réseau. Les approches courantes incluent DoH (DNS over HTTPS), DoT (DNS over TLS) et DNSCrypt.

15. **DoH :** DNS over HTTPS. Les requêtes DNS sont envoyées à l'intérieur du trafic HTTPS standard (port 443), ce qui les dissimule aux observateurs passifs et souvent aux intermédiaires de censure.

16. **DoT :** DNS over TLS. Les requêtes DNS sont chiffrées à l'aide de TLS (généralement sur le port 853). Le « DNS privé » d'Android utilise DoT.

17. **DNSCrypt :** Protocole (et ensemble d'implémentations) qui signe et chiffre le trafic DNS entre un client et un résolveur. Des outils comme `dnscrypt-proxy` exécutent ce protocole.

18. **Tor :** The Onion Router. Réseau géré par des bénévoles et qui fait transiter le trafic par plusieurs relais (généralement trois) afin de fournir un fort anonymat. Tor masque l'adresse IP d'origine vis-à-vis de la destination et rend la corrélation du trafic beaucoup plus difficile, mais il est plus lent que les VPN.

19. **Anonymisation :** Techniques visant à réduire ou supprimer les informations identifiantes afin que des actions ne puissent pas être reliées à une personne spécifique. Tor est un outil d'anonymisation ; d'autres approches (réseaux de mélange, proxys) poursuivent des objectifs similaires avec des compromis différents.

20. **Service à confiance répartie :** Approche de conception qui répartit les informations entre plusieurs parties afin qu'aucune ne puisse associer entièrement votre identité à vos activités. (Exemple : relais privé iCloud d'Apple utilise deux relais distincts de sorte qu'aucun d'eux ne voie à la fois qui vous êtes et ce que vous avez consulté.)

21. **Pare-feu :** Système (logiciel ou matériel) qui applique des règles définissant quelles connexions réseau sont autorisées ou bloquées. Les pare-feu peuvent servir à mettre en œuvre un « kill switch » VPN (bloquer le trafic si le VPN plante) ou à restreindre l'accès entrant et sortant.

22. **NAT :** Network Address Translation (traduction d'adresses réseau). Technique utilisée par les routeurs pour permettre à plusieurs appareils de partager une seule adresse IP publique. Le NAT masque les adresses IP internes (privées) vis-à-vis d'Internet, mais le trafic sortant peut toujours révéler l'adresse IP publique du routeur.

Nous élaborons des **modèles de menaces** pour décider de quoi se protéger. Par exemple, si vous voulez éviter l'espionnage sur un réseau local en Wi-Fi public, un VPN ou Tor est essentiel. Si vous craignez que des sites web connaissent votre localisation et votre navigation, un VPN ou relais privé aide à masquer votre adresse IP, tandis que des extensions de navigateur antipistage peuvent empêcher les régies publicitaires de tirer profit des cookies. Il existe des compromis : Tor offre un anonymat fort, mais au prix de la vitesse ; les VPN sont plus rapides, mais exigent de faire confiance à un fournisseur. Notre approche superpose les protections : chiffrement du DNS (pour que votre FAI ne voie pas vos requêtes), VPN/relais pour masquer l'IP, et durcissement du navigateur pour réduire la possibilité d'empreinte numérique.

Confidentialité vs sécurité : Bien que liées, ces notions ne sont pas identiques. La sécurité protège les données contre l'accès ou la modification non autorisés (confidentialité, intégrité), souvent au moyen du chiffrement (p. ex. HTTPS, VPN). La confidentialité consiste à contrôler quelles informations personnelles sont collectées, comment elles sont utilisées, et qui peut vous relier à des actions. Ce guide met l'accent sur les deux : utiliser le chiffrement pour sécuriser le canal et choisir des outils/politiques qui *minimisent la collecte et l'exposition des données* (comme les politiques « no-log » pour les VPN/DNS).

Concepts clés :

- **Le chiffrement de bout en bout** protège le contenu (p. ex. HTTPS, Signal).

- **Le chiffrement réseau** (VPN, Tor) masque votre trafic aux observateurs locaux.

- **L'anonymisation** (Tor, Tor Browser) ajoute une protection anticorrélation via des relais.

- **Les services à confiance répartie** comme relais privé iCloud séparent les flux de données.

- **Le DNS chiffré** (DoH/DoT/DNSCrypt) empêche l'espionnage des requêtes DNS.

- **Pare-feu/NAT** masque généralement votre réseau interne, mais les requêtes sortantes peuvent tout de même révéler des informations.

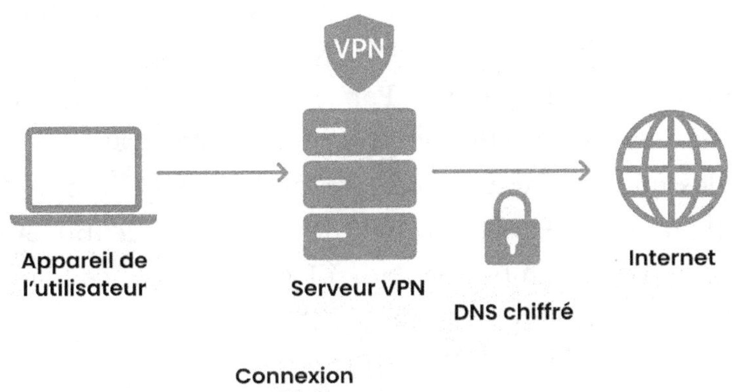

La figure ci-dessus montre des outils de confidentialité typiques en action. Un VPN (ou relais privé) protège votre adresse IP et chiffre le trafic, tandis que le DNS chiffré masque vos requêtes DNS aux regards indiscrets.

3 Réseaux privés virtuels (VPN)

Un réseau privé virtuel (VPN) crée un tunnel chiffré entre votre appareil et un serveur VPN, ce qui masque votre trafic aux observateurs locaux. Par conséquent, le FAI ne voit qu'une connexion chiffrée vers le VPN, pas les destinations finales que vous visitez. Les sites web voient l'adresse IP du VPN au lieu de la vôtre, ce qui protège votre identité et votre localisation. En substance, un VPN déplace la confiance de votre FAI vers le fournisseur de VPN.

3.1 Aperçu des protocoles VPN

Les outils VPN utilisent différents protocoles (technologies de tunnel) pour sécuriser le trafic. Les principaux protocoles aujourd'hui sont **OpenVPN** (https://openvpn.net), **WireGuard** (https://wireguard.com) et **IKEv2/IPsec**. D'anciens protocoles comme **L2TP/IPsec**, **SSTP** et **PPTP** existent, mais sont généralement déconseillés (PPTP en particulier est extrêmement peu sûr).

Voici une comparaison concise :

Protocole	Sécurité & chiffrement	Vitesse & performances
OpenVPN	Utilise OpenSSL (généralement AES-256), transport TCP/UDP. Très sûr et open source.	Modérées (UDP plus rapide que TCP)

Protocole	Sécurité & chiffrement	Vitesse & performances
WireGuard	Cryptographie moderne (ChaCha20, Poly1305), petite base de code. Open source. UDP uniquement.	Élevées (très rapide)
IKEv2/IPsec	Solide (IPsec), renouvellement de clés très stable. Prend en charge MOBIKE pour les changements de réseau.	Élevées
L2TP/IPsec	Faible si utilisé seul (L2TP sans chiffrement) ; associé à IPsec.	Modérées
SSTP	Solide (basé sur SSL/TLS, AES-256).	Modérées
PPTP	**Très faible** (MSMPPE avec MS-CHAP v1/v2 défectueux).	Modérées
Autres (propriétaires)	Exemple : NordLynx (variante WireGuard), Lightway	Variable

Protocole	Sécurité & chiffrement	Vitesse & performances
	(ExpressVPN, basé sur WireGuard).	

Protocole	Meilleurs cas d'utilisation	Remarques
OpenVPN	Usage général, large compatibilité, connexions DIY	Très mature ; approuvé par la communauté ; peut être plus lent à cause de la surcharge.
WireGuard	Besoins de haute vitesse (streaming, jeux, P2P)	Léger ; nécessite de conserver une IP récente côté serveur (atténué par des serveurs « RAM-only »).
IKEv2/IPsec	Appareils mobiles (réseaux itinérants)	Reconnexion très rapide ; implémentations open source ; origine propriétaire (Cisco/Microsoft).
L2TP/IPsec	Prise en charge héritée, liaisons site-à-site	Largement obsolète ; remplacé par IKEv2/IPsec.
SSTP	Solution de repli Windows	Natif Windows, utilise TCP 443 ;

Protocole	Meilleurs cas d'utilisation	Remarques
		propriétaire (Microsoft).
PPTP	Aucun (hérité uniquement)	Non recommandé. Chiffrement très faible.
Autres (propriétaires)	Fonctions propres au fournisseur	Souvent orientés marketing ; sécurité proche du protocole de base.

Du point de vue de la confidentialité, évitez PPTP et L2TP pour des connexions publiques. WireGuard et OpenVPN sont généralement préférés en raison de leur cryptographie solide et transparence (open source). IKEv2 est très rapide, dispose d'une cryptographie solide et convient le mieux à une connectivité fluide sur les appareils mobiles.

OpenVPN existe depuis environ 25 ans et est considéré comme très sûr. Il prend en charge AES-256 via OpenSSL et peut fonctionner en TCP ou en UDP. Le mode UDP est plus rapide (pas d'accusés de réception), mais moins stable ; le TCP est plus lent, mais peut traverser de nombreux pare-feu. Les exemples de configuration client de la section 3.6 utiliseront le client officiel OpenVPN Connect pour Windows, Android et iOS, ainsi que Tunnelblick pour macOS.

WireGuard (publié en 2016) est conçu pour être léger et rapide. Il possède une petite base de code (~4 000 lignes, contre 70 000+ pour OpenVPN), ce qui réduit la surface d'attaque. Il utilise une suite cryptographique moderne (Curve25519, etc.) et atteint un débit supérieur. Compromis :

par conception, il conserve en mémoire à court terme des adresses IP pour la connexion, ce qui signifie que si le serveur journalise, il pourrait vous associer à une IP. De nombreux services axés sur la confidentialité atténuent cela avec des serveurs « RAM-only » qui se réinitialisent automatiquement, effaçant les journaux. En pratique, les gains de vitesse de WireGuard (souvent ~50 % plus rapide qu'OpenVPN) et la facilité de configuration (clés simples) en font un excellent choix. Des clients WireGuard officiels existent pour Windows, macOS, Android et iOS ; sous Linux, nous utiliserons `wg-quick`.

IKEv2/IPsec est souvent intégré aux appareils. Il est robuste et rapide, surtout sur mobile : il peut rétablir automatiquement une connexion interrompue (lors du passage du Wi-Fi au cellulaire) avec une interruption minimale. Il combine le protocole IKEv2 et le chiffrement IPsec. IKEv2/IPsec a une origine propriétaire, mais la norme elle-même est largement implémentée et open source (p. ex. Libreswan, strongSwan).

Protocoles déconseillés : SSTP (le tunnel SSL de Microsoft) est propre à Windows et fonctionne, mais il est peu pris en charge ailleurs. PPTP est fortement déconseillé : il a été compromis par des agences gouvernementales et d'autres acteurs. Si vous voyez « PPTP » quelque part, évitez de l'utiliser. L2TP/IPsec (L2TP sur IPsec) est meilleur que PPTP mais peut être bloqué sur certains réseaux ; utilisez plutôt IKEv2/IPsec.

3.2 Tableau comparatif des VPN

Protocole	Chiffrement	Cas d'usage
OpenVPN (UDP/TCP)	AES-256 (OpenSSL), TLS 1.2/1.3	Usage général ; quand compatibilité et sécurité sont nécessaires
WireGuard	ChaCha20, Poly1305 (suite moderne)	Besoins de haute vitesse (streaming, jeux, P2P)
IKEv2/IPsec	IPsec (AES-256), échange de clés IKEv2	Mobile en déplacement (garde le VPN actif entre réseaux)
L2TP/IPsec	IPsec 256 bits, mais L2TP ajoute de la surcharge	Moins utilisé ; configurations héritées
SSTP	SSL/TLS (AES-256)	Alternative Windows si OpenVPN échoue
PPTP	MPPE (RC4 faible)	Aucun (à éviter)

Protocole	Points forts	Points faibles
OpenVPN (UDP/TCP)	Sécurité éprouvée, open source, configurable (UDP/TCP)	Plus de surcharge (plus lent que WireGuard), configuration complexe
WireGuard	Simple, très rapide, petite base	Le serveur conserve brièvement l'IP

Protocole	Points forts	Points faibles
	de code	(atténuer via serveurs RAM-only)
IKEv2/IPsec	Reconnexion rapide (utile en itinérance), largement pris en charge	Ports fixes (UDP 500/4500) pouvant être filtrés
L2TP/IPsec	Compatibilité héritée sur de nombreux appareils	Souvent bloqué par des pare-feu ; surcharge supplémentaire
SSTP	Fonctionne sous Windows via TCP 443 (difficile à bloquer)	Windows uniquement, plus lent (TCP), propriétaire
PPTP	Rapide grâce à un chiffrement minimal	Compromis ; non recommandé

3.3 Choisir un service VPN

Pour les utilisateurs avancés, créer son propre VPN peut être un moyen efficace d'améliorer la confidentialité et la sécurité en ligne. Lisez la section suivante pour plus de détails. D'autres trouveront peut-être plus simple de s'abonner à un service VPN. Tenez compte des critères importants suivants lors du choix d'un service VPN :

- **Politique « no-log » :** Le fournisseur ne doit pas enregistrer votre activité de navigation. Recherchez des politiques auditées. Certains, comme WARP de Cloudflare ou Mullvad (DNS/VPN), indiquent explicitement l'absence de journaux.

- **Juridiction :** Des entreprises soumises aux lois de certains pays peuvent être contraintes de remettre des données. Par exemple, un VPN basé aux États-Unis doit se conformer aux citations à comparaître, mais s'il applique une politique stricte « no-log », il se peut qu'il n'ait rien à fournir.

- **Performances et emplacements des serveurs :** Plus de serveurs dans le monde signifie de meilleures vitesses et davantage d'options de localisation.

- **Prise en charge multiplateforme :** Applications GUI pour Windows/macOS/Android/iOS, ainsi qu'une configuration manuelle pour les routeurs ou Linux.

- **Kill switch :** Capacité à bloquer tout le trafic réseau si le VPN se déconnecte afin d'éviter des fuites non protégées.

- **Protocoles proposés :** Au minimum OpenVPN et WireGuard, ou IKEv2.

- **Fonctionnalités supplémentaires :** Split tunneling, serveurs double-hop (multi-hop), bloqueurs de publicité intégrés, etc.

Nous ne recommanderons pas de services spécifiques ici, mais ces lignes directrices vous aideront à choisir. Dans les sections suivantes, nous montrerons comment construire votre propre serveur VPN et comment configurer des clients VPN sur vos appareils.

3.4 Créer votre propre VPN

Créer votre propre VPN peut être un moyen efficace d'améliorer la confidentialité et la sécurité en ligne, tout en offrant davantage de flexibilité et un bon rapport coût/efficacité. Avec les bonnes ressources et des instructions adaptées, cela peut constituer un investissement précieux pour votre sécurité en ligne.

Dans cette section, vous apprendrez à créer votre propre serveur VPN avec WireGuard, OpenVPN et/ou un VPN IPsec avec IKEv2. Cette partie s'adresse **uniquement aux utilisateurs avancés**. Si vous préférez souscrire à un service VPN, ignorez cette section et passez à la section 3.5 Configurer les clients VPN WireGuard.

Pour une couverture plus approfondie de la création de votre propre VPN, veuillez consulter mes autres livres à l'adresse https://amazon.com/author/linsong.

3.4.1 Créer un serveur cloud

Pour créer votre propre VPN, vous aurez d'abord besoin d'un serveur cloud ou d'un serveur privé virtuel (VPS). À titre indicatif, voici quelques fournisseurs de serveurs populaires :

- DigitalOcean (https://www.digitalocean.com)
- Vultr (https://www.vultr.com)
- Linode (https://www.linode.com)
- OVH (https://www.ovhcloud.com/en/vps/)

Tout d'abord, choisissez un fournisseur de serveur. Reportez-vous ensuite aux étapes détaillées présentées dans cette section pour commencer. Lors de la création de votre serveur, il est recommandé de sélectionner la dernière version d'Ubuntu Linux LTS ou Debian Linux (Ubuntu 24.04 ou Debian 13 au moment de la rédaction) comme système d'exploitation, possédant 1 Go de mémoire, voire plus.

Les utilisateurs avancés peuvent configurer le serveur VPN sur un Raspberry Pi (https://raspberrypi.com). Connectez-vous d'abord à votre Raspberry Pi et ouvrez un terminal, puis suivez les instructions de ce chapitre pour installer OpenVPN, WireGuard et/ou un VPN IPsec avec IKEv2. Avant de vous connecter, vous devrez peut-être transférer les ports de votre routeur vers l'IP locale du Raspberry Pi. Reportez-vous aux ports par défaut de chaque type de VPN dans les sections suivantes.

Exemple : créer un serveur sur DigitalOcean

1. Créez un compte DigitalOcean : accédez au site Web de DigitalOcean (https://www.digitalocean.com) et créez un compte si vous ne l'avez pas déjà fait.

2. Une fois que la connexion au tableau de bord de DigitalOcean sera établie, cliquez sur le bouton « Create » dans le coin supérieur droit de l'écran et sélectionnez « Droplets » dans le menu déroulant.

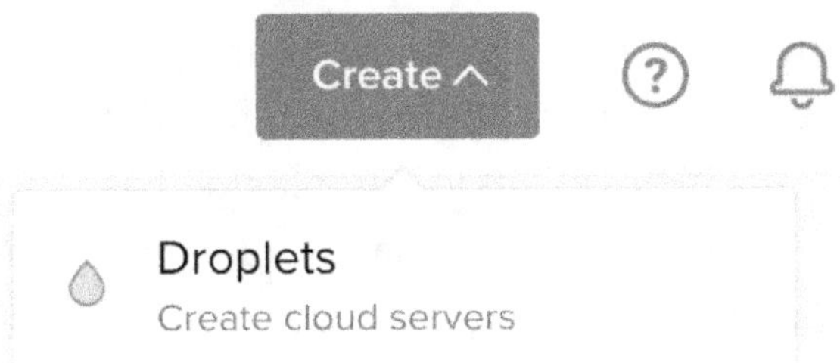

3. Sélectionnez une région de centre de données en fonction de vos besoins, par exemple la plus proche de votre emplacement.

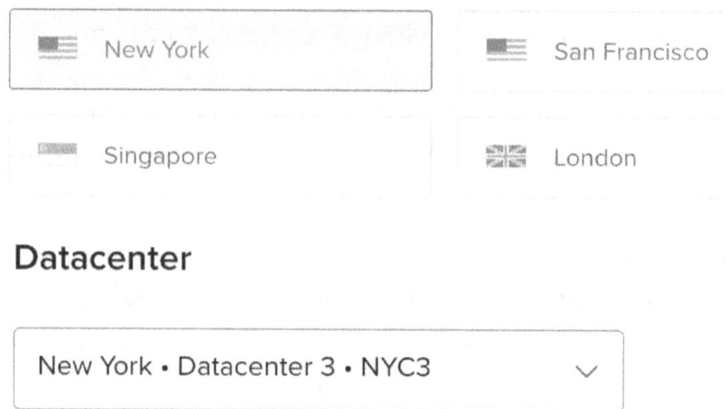

4. Sous « Choose an image », sélectionnez la dernière version d'Ubuntu Linux LTS (par exemple Ubuntu 24.04) dans la liste des images disponibles.

5. Choisissez un plan pour votre serveur. Vous pouvez choisir parmi différentes options en fonction de vos besoins. Pour un VPN personnel, un plan de base de CPU partagé avec un disque SSD ordinaire et 1 Go de mémoire sera probablement suffisant.

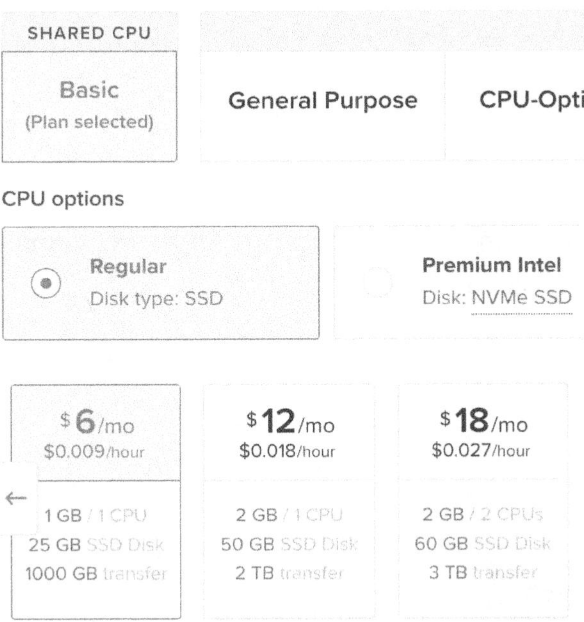

6. Sélectionnez « Password » comme méthode d'authentification, puis saisissez un mot de passe root fort et sécurisé. Pour la sécurité de votre serveur, il est essentiel de choisir un mot de passe root fort et sécurisé. Vous pouvez également utiliser des clés SSH pour l'authentification.

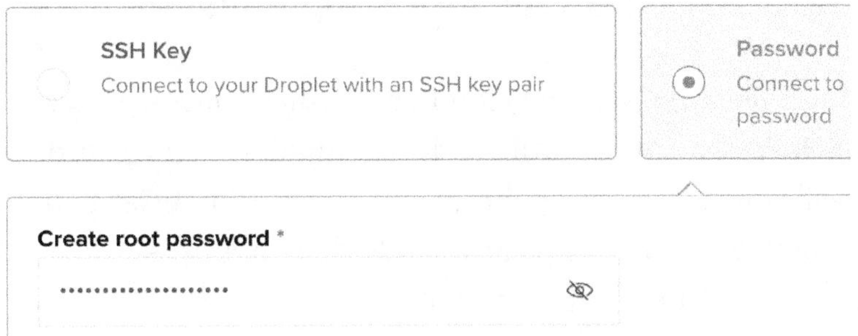

7. Sélectionnez des options supplémentaires telles que les sauvegardes et IPv6 si vous le souhaitez.

8. Saisissez un nom d'hôte pour votre serveur et cliquez sur « Create Droplet ».

9. Attendez quelques minutes que le serveur soit créé.

Une fois votre serveur prêt, vous pouvez vous connecter via SSH en utilisant le nom d'utilisateur root et le mot de passe défini lors de la création du serveur.

3.4.2 Se connecter au serveur via SSH

Une fois votre serveur cloud créé, vous pouvez y accéder via SSH. Vous pouvez utiliser le terminal sur votre ordinateur local ou un outil comme Git pour Windows pour vous connecter à votre serveur à l'aide de son adresse IP et de vos identifiants de connexion root.

Pour vous connecter à votre serveur via SSH depuis Windows, macOS ou Linux, suivez les étapes ci-dessous :

1. Ouvrez le terminal sur votre ordinateur. Sous Windows, vous pouvez utiliser un émulateur de terminal comme Git pour Windows.

   Git pour Windows : https://git-scm.com/downloads Téléchargez la version portable, puis double-cliquez pour l'installer. Une fois terminé, ouvrez le dossier « PortableGit » et double-cliquez pour exécuter « git-bash.exe ».

2. Tapez la commande suivante en remplaçant « username » par votre nom d'utilisateur (par exemple, « root ») et « server-ip » par l'adresse IP ou le nom d'hôte de votre serveur :

```
ssh username@server-ip
```

3. Si c'est la première fois que vous vous connectez au serveur, on vous demandera peut-être d'accepter l'empreinte de la clé SSH du serveur. Tapez « yes » et appuyez sur Entrée pour continuer.

4. Si vous utilisez un mot de passe pour vous connecter, on vous indiquera de saisir votre mot de passe. Tapez votre mot de passe et appuyez sur Entrée.

5. Si c'est la première fois que vous vous connectez au serveur et que vous recevez une invitation pour modifier le mot de passe root, saisissez un nouveau mot de passe fort et sécurisé. Sinon, ignorez cette étape. Pour la sécurité de votre serveur, il est essentiel de choisir un mot de passe root fort et sécurisé.

6. Une fois l'authentification réalisée, la connexion au serveur via SSH sera établie. Vous pouvez alors exécuter des commandes sur le serveur via le terminal.

7. Pour vous déconnecter du serveur, tapez simplement la commande « exit » et appuyez sur Entrée.

3.4.3 Mettre à jour le serveur

Après avoir établi une connexion au serveur via SSH, vous pouvez le mettre à jour en exécutant les commandes suivantes et en redémarrant. Ceci est facultatif, mais recommandé.

```
sudo apt update && sudo apt -y upgrade
sudo reboot
```

Les meilleures pratiques de sécurité du serveur Linux recommandent de mettre à jour régulièrement le système d'exploitation de votre serveur pour le maintenir à jour avec les derniers correctifs et mises à jour de sécurité.

3.4.4 Installer WireGuard

GitHub : https://github.com/hwdsl2/wireguard-install

Tout d'abord, connectez-vous à votre serveur via SSH.

Téléchargez le script d'installation de WireGuard :

```
wget https://get.vpnsetup.net/wg -O wg.sh
```

Option 1 : installation automatique de WireGuard à l'aide des options par défaut.

```
sudo bash wg.sh --auto
```

Pour les serveurs dotés d'un pare-feu externe (par exemple Amazon EC2), ouvrez le port UDP 51820 pour le VPN.

Exemple de sortie :

```
$ sudo bash wg.sh --auto

WireGuard Script
https://github.com/hwdsl2/wireguard-install


Starting WireGuard setup using default options.

Server IP: 192.0.2.1
Port: UDP/51820
Client name: client
Client DNS: Google Public DNS

Installing WireGuard, please wait...
+ apt-get -yqq update
+ apt-get -yqq install wireguard qrencode
+ systemctl enable --now wg-iptables.service
+ systemctl enable --now wg-quick@wg0.service

    ------------------------------
    | Code QR pour la configuration |
    | du client                     |
    ------------------------------
↑  That  is  a  QR  code  containing  the  client
configuration.


Finished!


The  client  configuration  is  available  in:
/root/client.conf
```

```
New clients can be added by running this script
again.
```

Après l'installation, vous pouvez exécuter à nouveau le script pour gérer les utilisateurs ou désinstaller WireGuard.

Étapes suivantes : configurez votre ordinateur ou votre appareil pour utiliser le VPN. Voir :

3.5 Configurer les clients VPN WireGuard

Profitez de votre propre VPN !

Option 2 : installation interactive à l'aide d'options personnalisées.

```
sudo bash wg.sh
```

Vous pouvez personnaliser les options suivantes : nom DNS du serveur VPN, port UDP, serveur DNS pour les clients VPN et nom du premier client.

Exemples d'étapes (remplacez par vos propres valeurs) :

Remarque : ces options peuvent changer dans les versions plus récentes du script. Lisez attentivement avant de sélectionner l'option souhaitée.

```
$ sudo bash wg.sh


Welcome to this WireGuard server installer!
GitHub: https://github.com/hwdsl2/wireguard-install


I need to ask you a few questions before starting
setup. You can use the default options and just press
enter if you are OK with them.
```

Entrez le nom DNS du serveur VPN :

```
Do you want WireGuard VPN clients to connect to this
server using a DNS name, e.g. vpn.example.com,
instead of its IP address? [y/N] y
```

```
Enter     the     DNS     name     of     this     VPN     server:
vpn.example.com
```

Sélectionnez un port UDP pour WireGuard :

```
Which port should WireGuard listen to?
Port [51820]:
```

Fournissez un nom pour le premier client :

```
Enter a name for the first client:
Name [client]:
```

Sélectionnez les serveurs DNS :

```
Select a DNS server for the client:
    1) Current system resolvers
    2) Google Public DNS
    3) Cloudflare DNS
    4) OpenDNS
    5) Quad9
    6) AdGuard DNS
    7) Custom
DNS server [2]:
```

Confirmez et démarrez l'installation de WireGuard :

```
WireGuard installation is ready to begin.
Do you want to continue? [Y/n]
```

Les utilisateurs avancés peuvent également installer automatiquement WireGuard à l'aide d'options personnalisées. Pour plus de détails, exécutez :

```
sudo bash wg.sh -h
```

Après l'installation, vous pouvez exécuter à nouveau le script pour gérer les utilisateurs ou désinstaller WireGuard.

Étapes suivantes : configurez votre ordinateur ou votre appareil pour utiliser le VPN. Voir :

3.5 Configurer les clients VPN WireGuard

Profitez de votre propre VPN !

3.4.5 Installer OpenVPN

GitHub : https://github.com/hwdsl2/openvpn-install

Tout d'abord, connectez-vous à votre serveur via SSH.

Téléchargez le script d'installation d'OpenVPN :

```
wget https://get.vpnsetup.net/ovpn -O ovpn.sh
```

Option 1 : installer automatiquement OpenVPN à l'aide des options par défaut.

```
sudo bash ovpn.sh --auto
```

Pour les serveurs dotés d'un pare-feu externe (par exemple Amazon EC2), ouvrez le port UDP 1194 pour le VPN.

Exemple de sortie :

```
$ sudo bash ovpn.sh --auto

OpenVPN Script
https://github.com/hwdsl2/openvpn-install

Starting OpenVPN setup using default options.

Server IP: 192.0.2.1
Port: UDP/1194
Client name: client
Client DNS: Google Public DNS

Installing OpenVPN, please wait...
+ apt-get -yqq update
+ apt-get -yqq --no-install-recommends install \
  openvpn
+ apt-get -yqq install openssl ca-certificates
+ ./easyrsa --batch init-pki
+ ./easyrsa --batch build-ca nopass
+ ./easyrsa --batch --days=3650 build-server-full \
  server nopass
+ ./easyrsa --batch --days=3650 build-client-full \
  client nopass
+ ./easyrsa --batch --days=3650 gen-crl
+ openvpn --genkey --secret \
  /etc/openvpn/server/tc.key
+ systemctl enable --now openvpn-iptables.service
+ systemctl enable --now \
  openvpn-server@server.service

Finished!

The client configuration is available in:
/root/client.ovpn
```

```
New clients can be added by running this script
again.
```

Après l'installation, vous pouvez exécuter à nouveau le script pour gérer les utilisateurs ou désinstaller OpenVPN.

Étapes suivantes : configurez votre ordinateur ou votre appareil pour utiliser le VPN. Voir :

3.6 Configurer les clients OpenVPN

Profitez de votre propre VPN !

Option 2 : installation interactive à l'aide d'options personnalisées.

```
sudo bash ovpn.sh
```

Vous pouvez personnaliser les options suivantes : nom DNS du serveur VPN, protocole (TCP/UDP) et port, serveur DNS pour les clients VPN et nom du premier client.

Exemples d'étapes (remplacez par vos propres valeurs) :

Remarque : ces options peuvent changer dans les versions plus récentes du script. Lisez attentivement avant de sélectionner l'option souhaitée.

```
$ sudo bash ovpn.sh


Welcome to this OpenVPN server installer!
GitHub: https://github.com/hwdsl2/openvpn-install


I need to ask you a few questions before starting
setup. You can use the default options and just press
enter if you are OK with them.
```

Entrez le nom DNS du serveur VPN :

```
Do you want OpenVPN clients to connect to this server
using a DNS name, e.g. vpn.example.com, instead of
its IP address? [y/N] y
```

```
Enter    the    DNS    name    of    this    VPN    server:
vpn.example.com
```

Sélectionnez le protocole et le port pour OpenVPN :

```
Which protocol should OpenVPN use?
    1) UDP (recommended)
    2) TCP
Protocol [1]:
```

```
Which port should OpenVPN listen to?
Port [1194]:
```

Sélectionnez les serveurs DNS :

```
Select a DNS server for the clients:
    1) Current system resolvers
    2) Google Public DNS
    3) Cloudflare DNS
    4) OpenDNS
    5) Quad9
    6) AdGuard DNS
    7) Custom
DNS server [2]:
```

Fournissez un nom pour le premier client :

```
Enter a name for the first client:
Name [client]:
```

Confirmez et démarrez l'installation d'OpenVPN :

```
OpenVPN installation is ready to begin.
Do you want to continue? [Y/n]
```

Les utilisateurs avancés peuvent également installer automatiquement OpenVPN à l'aide d'options personnalisées. Pour plus de détails, exécutez :

```
sudo bash ovpn.sh -h
```

Après l'installation, vous pouvez exécuter à nouveau le script pour gérer les utilisateurs ou désinstaller OpenVPN.

Étapes suivantes : configurez votre ordinateur ou votre appareil pour utiliser le VPN. Voir :

3.6 Configurer les clients OpenVPN

Profitez de votre propre VPN !

3.4.6 Installer le VPN IPsec avec IKEv2

GitHub : https://github.com/hwdsl2/setup-ipsec-vpn

Tout d'abord, connectez-vous à votre serveur via SSH.

Téléchargez le script d'installation du VPN IPsec :

```
wget https://get.vpnsetup.net -O vpn.sh
```

Option 1 : installation automatique à l'aide des options par défaut.

```
sudo sh vpn.sh
```

Pour les serveurs dotés d'un pare-feu externe (par exemple Amazon EC2), ouvrez les ports UDP 500 et 4500 pour le VPN.

Exemple de sortie :

```
$ sudo sh vpn.sh


... ... (sortie omise)
==================================


IPsec VPN server is now ready for use!


Connect to your new VPN with these details:


Server IP: 192.0.2.1
IPsec PSK: [Votre clé prépartagée IPsec]
Username: vpnuser
Password: [Votre mot de passe VPN]


Write these down. You'll need them to connect!


VPN client setup: https://vpnsetup.net/clients


==================================


==================================


IKEv2 setup successful. Details for IKEv2 mode:


VPN server address: 192.0.2.1
VPN client name: vpnclient


Client configuration is available at:
/root/vpnclient.p12 (for Windows & Linux)
```

```
/root/vpnclient.sswan (for Android)
/root/vpnclient.mobileconfig (for iOS & macOS)

Next steps: Configure IKEv2 clients. See:
https://vpnsetup.net/clients
```

```
========================================
```

Après la configuration, vous pouvez exécuter « sudo ikev2.sh » pour gérer les clients IKEv2.

Étapes suivantes : configurez votre ordinateur ou votre appareil pour utiliser le VPN. Voir :

Configurer les clients VPN IKEv2 :
https://github.com/hwdsl2/setup-ipsec-vpn#next-steps

Profitez de votre propre VPN !

Option 2 : installation interactive à l'aide d'options personnalisées.

```
sudo VPN_SKIP_IKEV2=yes sh vpn.sh
sudo ikev2.sh
```

Vous pouvez personnaliser les options suivantes : nom DNS du serveur VPN, nom et période de validité du premier client, serveur DNS pour les clients VPN et protection par mot de passe des fichiers de configuration du client.

Exemples d'étapes (remplacez par vos propres valeurs) :

Remarque : ces options peuvent changer dans les versions plus récentes du script. Lisez attentivement avant de sélectionner l'option souhaitée.

```
$ sudo VPN_SKIP_IKEV2=yes sh vpn.sh
... ... (sortie omise)

$ sudo ikev2.sh

Welcome! Use this script to set up IKEv2 on your VPN
server.

I need to ask you a few questions before starting
setup. You can use the default options and just press
enter if you are OK with them.
```

Entrez le nom DNS du serveur VPN :

```
Do you want IKEv2 clients to connect to this server
using a DNS name, e.g. vpn.example.com, instead of
its IP address? [y/N] y

Enter    the    DNS    name    of    this    VPN    server:
vpn.example.com
```

Entrez le nom et la période de validité du premier client :

```
Provide a name for the IKEv2 client.
Use one word only, no special characters except '-'
and '_'.
Client name: [vpnclient]

Specify the validity period (in months) for this
client certificate.
Enter an integer between 1 and 120: [120]
```

Spécifiez les serveurs DNS personnalisés :

By default, clients are set to use Google Public DNS
when the VPN is active.
Do you want to specify custom DNS servers for IKEv2?
[y/N] y

Enter primary DNS server: 1.1.1.1
Enter secondary DNS server (Enter to skip): 1.0.0.1

Sélectionnez si vous souhaitez protéger par mot de passe les fichiers de configuration client :

IKEv2 client config files contain the client
certificate, private key and CA certificate. This
script can optionally generate a random password to
protect these files.

Protect client config files using a password? [y/N]

Vérifiez et confirmez les options d'installation :

We are ready to set up IKEv2 now.
Below are the setup options you selected.

==================================

Server address: vpn.example.com
Client name: vpnclient

Client cert valid for: 120 months
MOBIKE support: Not available
Protect client config: No
DNS server(s): 1.1.1.1 1.0.0.1

==================================

```
Do you want to continue? [Y/n]
```

Après la configuration, vous pouvez exécuter « sudo ikev2.sh » pour gérer les clients IKEv2.

Étapes suivantes : configurez votre ordinateur ou votre appareil pour utiliser le VPN. Voir :

Configurer les clients VPN IKEv2 :
https://github.com/hwdsl2/setup-ipsec-vpn#next-steps

Profitez de votre propre VPN !

3.4.7 Transférer des fichiers depuis le serveur

Lors de la configuration des clients VPN, vous devrez peut-être transférer de manière sécurisée les fichiers de configuration client du serveur vers votre ordinateur local. Une façon de procéder consiste à utiliser la commande « scp ». Exemples d'étapes :

1. Ouvrez le terminal sur votre ordinateur. Sous Windows, vous pouvez utiliser un émulateur de terminal comme Git pour Windows.

   Git pour Windows : https://git-scm.com/downloads
   Téléchargez la version portable, puis double-cliquez pour l'installer. Une fois terminé, ouvrez le dossier « PortableGit » et double-cliquez pour exécuter « git-bash.exe ».

2. Tapez la commande suivante en remplaçant « username »
   par votre nom d'utilisateur SSH (par exemple « root »), «
   server-ip » par l'adresse IP ou le nom d'hôte de votre
   serveur, « /path/to/file » par le chemin d'accès au fichier
   sur le serveur et « /local/folder » par le dossier local dans
   lequel vous souhaitez enregistrer le fichier.

```
scp username@server-ip:/path/to/file /local/folder
```

3. Par exemple, si vous souhaitez vous authentifier en tant
   que root et transférer « /root/client.conf » du serveur
   avec l'adresse IP « 192.0.2.1 » vers le dossier de travail
   actuel sur l'ordinateur local :

```
scp root@192.0.2.1:/root/client.conf ./
```

   Remarque : si vous utilisez Git pour Windows, le dossier
   local « / » pointe généralement vers le dossier
   d'installation, par exemple « PortableGit ».

4. Si vous utilisez un mot de passe pour vous connecter, vous
   recevrez une invite pour saisir votre mot de passe.
   Saisissez votre mot de passe et appuyez sur Entrée.

5. Le fichier sera ensuite transféré depuis le serveur et
   enregistré dans le dossier local que vous aurez spécifié.

3.4.8 Désinstaller le VPN

Si vous souhaitez supprimer WireGuard, OpenVPN et/ou
IPsec VPN du serveur, suivez ces étapes.

Attention : toute la configuration VPN sera **définitivement
supprimée**. Cette opération **ne peut pas être annulée** !

Tout d'abord, connectez-vous à votre serveur via SSH.

Pour désinstaller WireGuard, exécutez :

```
sudo bash wg.sh
```

Vous verrez les options suivantes :

```
WireGuard is already installed.

Select an option:
  1) Add a new client
  2) List existing clients
  3) Remove an existing client
  4) Show QR code for a client
  5) Remove WireGuard
  6) Exit
```

Sélectionnez l'option 5 dans le menu, en tapant 5 et en appuyant sur Entrée. Confirmez ensuite la suppression de WireGuard.

Remarque : ces options peuvent changer dans les versions plus récentes du script. Lisez attentivement avant de sélectionner l'option souhaitée.

Pour désinstaller OpenVPN, exécutez :

```
sudo bash ovpn.sh
```

Vous verrez les options suivantes :

```
OpenVPN is already installed.

Select an option:
  1) Add a new client
  2) Export config for an existing client
  3) List existing clients
```

    4) Revoke an existing client
    5) Remove OpenVPN
    6) Exit

Sélectionnez l'option 5 dans le menu, en tapant 5 et en appuyant sur Entrée. Confirmez ensuite la suppression d'OpenVPN.

Pour désinstaller IPsec VPN, téléchargez et exécutez le script d'aide :

```
wget https://get.vpnsetup.net/unst -O unst.sh
sudo bash unst.sh
```

Lorsque vous y êtes invité, confirmez la suppression du VPN IPsec.

3.5 Configurer les clients VPN WireGuard

L'option clients VPN WireGuard est disponible pour Windows, macOS, iOS, Android et Linux :
https://www.wireguard.com/install/

Pour ajouter une connexion VPN, ouvrez l'application WireGuard sur votre appareil mobile, appuyez sur le bouton « Ajouter », puis scannez le code QR ou importez le fichier de configuration `.conf` depuis votre fournisseur VPN ou votre propre serveur. Pour Windows et macOS, transférez d'abord en toute sécurité le fichier `.conf` sur votre ordinateur, puis ouvrez WireGuard et importez le fichier.

Pour gérer les utilisateurs WireGuard sur votre propre serveur, exécutez à nouveau le script d'installation : `sudo bash wg.sh`.

3.5.1 Windows

1. Transférez en toute sécurité le fichier `.conf` sur votre ordinateur.
2. Installez et lancez le client WireGuard (https://www.wireguard.com/install/).
3. Cliquez sur **Importer le(s) tunnel(s) à partir du fichier**.
4. Accédez au fichier `.conf` et sélectionnez-le, puis cliquez sur **Ouvrir**.
5. Cliquez sur **Activer**.

3.5.2 macOS

1. Transférez en toute sécurité le fichier `.conf` sur votre ordinateur.
2. Installez et lancez l'application **WireGuard** depuis l'**App Store**.
3. Cliquez sur **Importer le(s) tunnel(s) à partir du fichier**.
4. Accédez au fichier `.conf` et sélectionnez-le, puis cliquez sur **Importer**.
5. Cliquez sur **Activer**.

3.5.3 Android

1. Installez et lancez l'application **WireGuard** depuis **Google Play**.
2. Appuyez sur le bouton « + », puis sur **Importer depuis un QR code**.
3. Scannez le code QR depuis votre serveur VPN.
4. Saisissez le nom de votre choix pour le **Nom du tunnel**.
5. Appuyez sur **Créer un tunnel**.

6. Faites glisser le commutateur sur ON pour le nouveau
   profil VPN.

3.5.4 iOS (iPhone/iPad)

1. Installez et lancez l'application **WireGuard** depuis **App
   Store**.
2. Appuyez sur **Ajouter un tunnel**, puis sur **Créer à
   partir d'un code QR**.
3. Scannez le code QR depuis votre serveur VPN.
4. Saisissez le nom de votre choix pour le tunnel.
5. Appuyez sur **Enregistrer**.
6. Faites glisser le commutateur sur ON pour le nouveau
   profil VPN.

3.5.5 Linux

Installez le paquet et les outils :

```
sudo apt update
sudo apt install wireguard -y
```

Votre fournisseur VPN ou votre serveur vous fournit un
fichier de configuration .conf ou des clés individuelles. Un
fichier /etc/wireguard/wg0.conf basique ressemble à ceci :

```
[Interface]
PrivateKey = <your_private_key>
Address = 10.0.0.2/24


[Peer]
PublicKey = <server_public_key>
Endpoint = vpn.example.com:51820
```

```
AllowedIPs = 0.0.0.0/0
PersistentKeepalive = 25
```

Remarque : `AllowedIPs = 0.0.0.0/0` signifie que tout le trafic passe par le VPN (passerelle par défaut). Vous pouvez personnaliser cela (split tunneling) en utilisant un sous-réseau plus spécifique pour `AllowedIPs`.

Enregistrez la configuration sous `/etc/wireguard/wg0.conf` (avec les permissions appropriées : `chmod 600 wg0.conf`). Ensuite, démarrez WireGuard :

```
sudo wg-quick up wg0
```

Cela crée l'interface `wg0` et y achemine le trafic. Pour la lancer au démarrage :

```
sudo systemctl enable wg-quick@wg0
```

Vérifiez l'état avec `wg show wg0` pour vous assurer que la connexion est établie. La simplicité de WireGuard signifie qu'**aucun logiciel de tunnel supplémentaire** n'est nécessaire en dehors du module noyau et de `wg-quick`.

3.6 Configurer les clients OpenVPN

L'option clients OpenVPN (https://openvpn.net/vpn-client/) est disponible pour Windows, macOS, iOS, Android et Linux. Les utilisateurs de macOS peuvent également utiliser Tunnelblick (https://tunnelblick.net).

Pour ajouter une connexion VPN, transférez d'abord en toute sécurité le fichier `.ovpn` depuis votre fournisseur VPN ou votre propre serveur vers votre appareil, puis ouvrez l'application OpenVPN et importez le profil VPN.

Pour gérer les utilisateurs OpenVPN sur votre propre serveur, exécutez à nouveau le script d'installation : `sudo bash ovpn.sh`.

3.6.1 Windows

1. Transférez en toute sécurité le fichier `.ovpn` sur votre ordinateur.
2. Installez et lancez clients VPN OpenVPN Connect (https://openvpn.net/client/).
3. Lancez le client VPN **OpenVPN Connect**.
4. Sur l'écran **Get connected**, cliquez sur l'onglet **Upload file**.
5. Faites glisser et déposez le fichier `.ovpn` dans la fenêtre, ou recherchez et sélectionnez le fichier `.ovpn`, puis cliquez sur **Ouvrir**.
6. Cliquez sur **Connect**.

3.6.2 macOS

1. Transférez en toute sécurité le fichier `.ovpn` sur votre ordinateur.
2. Installez et lancez Tunnelblick (https://tunnelblick.net).
3. Sur l'écran d'accueil, cliquez sur **J'ai des fichiers de configuration**.
4. Sur l'écran **Ajouter une configuration**, cliquez sur **OK**.
5. Cliquez sur l'icône Tunnelblick dans la barre de menu, puis sélectionnez **Détails VPN**.
6. Faites glisser et déposez le fichier `.ovpn` dans la fenêtre **Configurations** (volet de gauche).
7. Suivez les instructions à l'écran pour installer le profil OpenVPN.

8. Cliquez sur **Connecter**.

3.6.3 Android

1. Transférez en toute sécurité le fichier `.ovpn` vers votre appareil Android.
2. Installez et lancez **OpenVPN Connect** depuis **Google Play**.
3. Sur l'écran **Get connected**, appuyez sur l'onglet **Upload file**.
4. Appuyez sur **Browse**, puis recherchez et sélectionnez le fichier `.ovpn`.

   Remarque : pour trouver le fichier `.ovpn`, appuyez sur le bouton de menu à trois lignes, puis accédez à l'emplacement où vous avez enregistré le fichier.
5. Sur l'écran **Imported Profile**, appuyez sur **Connect**.

3.6.4 iOS (iPhone/iPad)

Tout d'abord, installez et lancez **OpenVPN Connect** depuis **App Store**. Transférez ensuite en toute sécurité le fichier `.ovpn` sur votre appareil iOS. Pour transférer le fichier, vous pouvez :

1. Envoyer le fichier par AirDrop et l'ouvrir avec OpenVPN, ou
2. Le télécharger sur votre appareil (dossier de l'application OpenVPN) à l'aide de partager des fichiers (https://support.apple.com/fr-fr/119585), puis lancer l'application OpenVPN Connect et appuyer sur l'onglet **File**.

Une fois terminé, appuyez sur **Add** pour importer le profil VPN, puis sur **Connect**.

Pour personnaliser les paramètres de l'application OpenVPN Connect, appuyez sur le bouton de menu à trois lignes, puis sur **Settings**.

3.6.5 Linux

Installez le paquet et les outils :

```
sudo apt update
sudo apt install openvpn -y
```

En supposant que vous disposez d'un fichier de configuration .ovpn fourni par votre fournisseur VPN ou votre propre serveur, vous pouvez vous connecter avec :

```
sudo openvpn --config /path/to/client.ovpn
```

Cela exécutera OpenVPN dans le terminal. Vous verrez les journaux s'afficher pendant la connexion. Pour exécuter le client OpenVPN comme un service en arrière-plan, reportez-vous au wiki OpenVPN :
https://community.openvpn.net/Pages/Systemd

3.7 Coupe-circuit VPN et protection contre les fuites

Une fonctionnalité essentielle est un *kill switch* (ou *verrouillage réseau*) : si la connexion VPN se coupe, le kill switch bloque tout le trafic afin d'éviter les fuites. De nombreux clients VPN proposent une option (souvent dans « Paramètres → Pare-feu / Kill Switch ») pour l'activer. Par exemple, dans WireGuard sous Windows, il existe une option « Always-on VPN » ; sous Android, vous pouvez activer le blocage « when VPN not connected ». Sous Linux, vous pouvez écrire des règles de pare-feu. Exemple (avec `iptables` sous Debian/Ubuntu) :

```
# Autoriser uniquement le trafic via wg0 ;
# bloquer eth0 (ou wlan0) si wg0 est inactif.
sudo iptables -A OUTPUT ! -o wg0 -m conntrack --
ctstate NEW,ESTABLISHED -j DROP
```

Cette ligne signifie : toute connexion sortante, nouvelle ou existante, qui ne passe pas par l'interface `wg0` doit être rejetée. (Attention : testez dans une console avant de redémarrer, pour éviter de vous bloquer l'accès.) Les règles exactes dépendent du pare-feu de votre distribution (ufw, firewalld, etc.). De nombreuses distributions proposent **ufw** (Uncomplicated Firewall) ; vous pouvez faire quelque chose comme :

```
sudo ufw default deny outgoing
sudo ufw allow out on wg0
sudo ufw allow in on wg0
sudo ufw enable
```

Cela bloque tout le trafic sortant à moins qu'il ne passe par le VPN. (L'exemple ci-dessus est simplifié ; adaptez-le à vos besoins.) Les clients graphiques intègrent souvent cette fonctionnalité, mais comprendre les règles de pare-feu sous-jacentes est utile pour les serveurs et les routeurs.

4 DNS sécurisé et résolveurs locaux

Même avec un VPN, votre appareil effectue toujours des requêtes DNS. Si le VPN ne configure pas le DNS, votre système peut revenir par défaut au DNS du FAI (qui peut enregistrer vos requêtes). Pour combler cette lacune, utilisez un DNS chiffré ou un résolveur local.

4.1 Pourquoi la confidentialité DNS est importante

Le DNS (Domain Name System) traduit les noms en adresses IP. Sans protection, **chaque appareil de votre réseau crie haut et fort : « Quelle est l'adresse IP de example.com ? »**. La réponse revient de la même manière. Des espions (y compris votre FAI ou l'opérateur d'un point d'accès Wi-Fi) peuvent enregistrer chaque site que vous visitez via ces requêtes. Même avec un VPN, si le VPN est mal configuré ou si vous utilisez le split tunneling, le DNS peut tout de même avoir des fuites.

Outils pour protéger la confidentialité DNS :

- **DNS over HTTPS (DoH)** : chiffre les requêtes DNS via HTTPS. Des navigateurs comme Firefox et Chrome prennent en charge DoH, et les systèmes d'exploitation (Windows 11, Android 9+) le prennent aussi en charge.

- **DNS over TLS (DoT)** : chiffre les requêtes DNS via TLS (port 853 par défaut). Le « DNS privé » d'Android utilise DoT.

- **DNSCrypt chiffré** : protocole plus ancien, mais encore utilisé (DNSCrypt), qui chiffre le DNS entre le client et le serveur. L'outil `dnscrypt-proxy` peut servir de client et relayer les requêtes vers des serveurs DNS chiffrés.

- **DNSSEC** : signe cryptographiquement les enregistrements DNS. Cela garantit l'intégrité (pas de falsification), mais ne chiffre pas les requêtes elles-mêmes. Il est souvent utilisé conjointement avec les méthodes ci-dessus.

Résolveur récursif local (Unbound) : Au lieu d'utiliser un résolveur tiers, vous pouvez exécuter votre propre résolveur DNS sur votre appareil ou votre routeur. Ainsi, votre appareil interroge *votre serveur Unbound local* (souvent à l'adresse 127.0.0.1) et Unbound récupère la réponse de manière récursive auprès des serveurs racine/faisant autorité. Si Unbound est mal configuré (sans chiffrement), votre FAI pourrait toujours voir ces requêtes (à moins de l'associer à DoT/DoH en amont). Mais l'avantage est que vous pouvez appliquer un filtrage (bloquer les publicités/malwares) et éviter de dépendre des journaux de tiers. Red Hat note qu'« en utilisant votre propre résolveur, vous cessez de partager votre trafic DNS avec des tiers et améliorez la confidentialité de votre DNS ».

4.2 Exemples de DNS chiffré

Windows 11 (DNS over HTTPS) : Windows 11 prend nativement en charge DoH. Dans Paramètres → Réseau et Internet → Sans fil (ou Ethernet) → [votre adaptateur] → Attribution du serveur DNS, vous pouvez définir le DNS et choisir « Chiffré uniquement (DNS over HTTPS) ». Si votre fournisseur DNS (comme Cloudflare, Quad9) est préconfiguré, sélectionnez-le. Sinon, vous pouvez ajouter un serveur DoH personnalisé.

macOS : Les versions récentes de macOS (Big Sur et ultérieures) prennent en charge nativement le DNS over TLS (DoT) et le DNS over HTTPS (DoH) via des profils de configuration. Veuillez consulter le guide d'installation de votre fournisseur DNS, par exemple Quad9 (https://docs.quad9.net).

Android : Sur Android 9 et versions ultérieures, allez dans **Paramètres → Réseau et Internet → Avancé → DNS privé**. Saisissez le nom d'hôte d'un fournisseur DNS (par exemple `dns.google` pour Google, `dns.quad9.net` pour Quad9, `1dot1dot1dot1.cloudflare-dns.com` pour Cloudflare) et enregistrez. Cela active DoT pour toutes les applications.

iOS : Depuis iOS 14+, Apple a introduit « relais privé iCloud » pour Safari (abordé plus loin). Pour le DNS, les iPhone utilisent par défaut le DNS du Wi-Fi ou du réseau cellulaire. Vous pouvez utiliser des profils VPN ou des applications (comme l'app AdGuard DNS) pour définir le DNS vers des serveurs chiffrés. Il n'existe pas d'interface système intégrée pour DoT sur iOS.

Linux : Des outils comme `systemd-resolved` prennent en charge DoH/DoT, ou alors vous pouvez utiliser `dnscrypt-proxy` ou `cloudflared`. Par exemple, pour utiliser DoT de Cloudflare avec `systemd-resolved`, ajoutez ceci à `/etc/systemd/resolved.conf` :

```
[Resolve]
DNS=1.1.1.1
```

```
FallbackDNS=1.0.0.1
DNSOverTLS=yes
```

Puis exécutez `sudo systemctl restart systemd-resolved`. Désormais, `/etc/resolv.conf` pointe vers 127.0.0.53, qui est `systemd-resolved`, mais les requêtes partent chiffrées vers Cloudflare.

4.3 Comparaison des fournisseurs DNS

Vous trouverez ci-dessous une comparaison de fournisseurs DNS publics populaires axés sur la confidentialité, résumant leurs caractéristiques :

Service DNS	Adresses IPv4	Résumé confidentialité & fonctionnalités
Cloudflare	1.1.1.1, 1.0.0.1	Prend en charge DoH/DoT. Réseau mondial rapide, blocage optionnel malware/contenu adulte (1.1.1.2/1.1.1.3).
Quad9	9.9.9.9, 149.112.112.112	Bloque les domaines malveillants connus. Prend en charge DoH/DoT/DNSCrypt.
Google Public DNS	8.8.8.8, 8.8.4.4	Prend en charge DoH. Fiable et rapide.
AdGuard DNS	94.140.14.14, 94.140.15.15	Blocage des publicités (aussi modes safe search). Prend en charge

Service DNS	Adresses IPv4	Résumé confidentialité & fonctionnalités
NextDNS	Variable	DoH/DoT/DNSCrypt. Filtrage (pubs/malwares). Journalisation configurable, minimisation des requêtes. Filtrage étendu (pubs, traqueurs, menaces).
Mullvad DNS	193.138.219.74, 193.138.218.74	Blocage contenu/publicités. Excellente confidentialité, mais plus petite échelle.
OpenDNS (Cisco)	208.67.222.222, 208.67.220.220	Orienté entreprises ; filtres et contrôle parental disponibles.
ControlD	Variable	Prend en charge filtres, DoH/DoT/DoQ.

Remarques sur les fournisseurs DNS : Cloudflare et Quad9 sont souvent recommandés aux utilisateurs soucieux de leur confidentialité. La politique de suppression rapide des journaux de Cloudflare est un atout, mais notez sa juridiction américaine. La politique stricte de Quad9 (pas de journaux d'IP) et sa localisation en Suisse sont attrayantes. AdGuard se distingue par le blocage intégré des publicités, utile pour les familles ou celles ou ceux qui veulent réduire le suivi. NextDNS est très personnalisable et respectueux de la confidentialité, mais demande un peu plus de configuration (via leur application iOS/Android, ou des entrées DNS manuelles).

4.4 Unbound en tant que résolveur local

Exécuter **Unbound** offre un contrôle supplémentaire. Sous Linux/FreeBSD, Unbound peut servir de résolveur DNS récursif avec cache, vers lequel vous faites pointer le DNS de votre système (127.0.0.1 par défaut). Les avantages incluent la validation DNSSEC, la mise en cache pour gagner en vitesse, et la possibilité d'appliquer des Response Policy Zones (RPZ) pour bloquer des domaines (par exemple publicités, traqueurs). Cependant, par défaut, Unbound interroge les serveurs racine en clair. Pour chiffrer ces requêtes, vous pouvez :

- Configurer des redirecteurs (forwarders) dans Unbound afin d'utiliser DoT/DoH en amont (par exemple Cloudflare ou Quad9 via TLS).
- Utiliser la directive `stub` (par exemple `stub-zone:`) pour des serveurs chiffrés.

Exemple d'installation (Ubuntu) :

```
sudo apt update
sudo apt install unbound -y
```

Exemple de configuration de base :

Modifiez `/etc/unbound/unbound.conf` (ou créez un fichier dans `/etc/unbound/conf.d/`) :

```
server:
  interface: 127.0.0.1
```

```
  access-control: 127.0.0.1 allow
  root-hints: "/etc/unbound/root.hints"
  auto-trust-anchor-file: "/var/lib/unbound/root.key"

forward-zone:
  name: "."
  forward-addr: 1.1.1.1@853    # Cloudflare DoT
  forward-addr: 1.0.0.1@853    # Cloudflare secondaire
  # Autrement, pour Quad9 :
  # forward-addr: 9.9.9.9@853
```

Cela indique à Unbound d'écouter sur localhost et de tout transférer via Cloudflare en mode chiffré. Vous devrez récupérer un `root.hints` à jour (`wget -O /etc/unbound/root.hints https://www.internic.net/domain/named.root`) et exécuter `unbound-anchor` pour obtenir `root.key` pour DNSSEC. Ensuite, démarrez Unbound : `sudo systemctl enable unbound && sudo systemctl start unbound`.

Testez :

```
dig example.com @127.0.0.1
```

Recherchez `SERVER: 127.0.0.1#53` dans la sortie de `dig`. Si vous voyez `127.0.0.1#53`, Unbound a répondu. Comparez avec `dig example.com` (avec le résolveur par défaut) : sur Ubuntu, la commande affiche `SERVER: 127.0.0.53#53`, ce qui indique que `systemd-resolved` répond.

Remarque sur la confidentialité : Comme le note Red Hat, utiliser votre propre Unbound signifie que vous ne partagez pas, par défaut, votre DNS avec Google/Cloudflare. Cependant, pour vous protéger de votre FAI, assurez-vous d'utiliser du chiffrement DNS en amont. Vous pouvez aussi exécuter Unbound sur votre routeur (si pris en charge) pour servir votre réseau domestique.

4.5 dnscrypt-proxy et autres outils

L'outil `dnscrypt-proxy` est une autre façon de chiffrer le DNS. Il peut agir comme serveur DNS local et relayer les requêtes vers des fournisseurs DNSCrypt ou DoH choisis.

Installation sous Linux (par exemple Ubuntu) :

```
sudo apt install dnscrypt-proxy
```

Il s'installe dans `/etc/dnscrypt-proxy/dnscrypt-proxy.toml`. Modifiez ce fichier pour sélectionner des serveurs (comme `'cloudflare'`, `'quad9-dnscrypt-ip4'`) et définir `listen_addresses = ['127.0.0.1:53']`. Ensuite :

```
sudo systemctl enable dnscrypt-proxy
sudo systemctl start dnscrypt-proxy
```

Faites pointer le DNS de votre système vers 127.0.0.1. `dnscrypt-proxy` chiffrera les requêtes (par exemple vers le point de terminaison DNSCrypt de Cloudflare).

Nous n'aborderons pas toutes les variantes, mais l'idée principale est : **chiffrez votre DNS**. Que ce soit via les paramètres de l'OS, le navigateur (le réglage DNS-over-HTTPS de Firefox) ou des proxys locaux comme `dnscrypt-proxy`, vous empêchez les observateurs sur le chemin de connaître vos requêtes DNS. Cela améliore fortement la confidentialité, car même votre FAI ne peut pas savoir quels sites vous cherchez à résoudre.

5 Outils de navigateur et confidentialité en ligne

Après avoir sécurisé la couche réseau, il faut renforcer le point d'extrémité : le navigateur web ou l'application par lesquels vous passez le plus de temps. Les navigateurs modernes intègrent des fonctionnalités de confidentialité et prennent en charge des extensions. Nous couvrons ici des stratégies générales et des outils spécifiques aux navigateurs.

5.1 Prévention du suivi et blocage des publicités

La plupart des navigateurs incluent désormais des fonctions pour bloquer les traqueurs intersites et réduire le fingerprinting. Par exemple, par défaut **Safari** utilise Intelligent Tracking Prevention (ITP). Il masque votre IP aux traqueurs et bloque les cookies tiers connus. En mode Navigation privée, Safari va plus loin : « les traqueurs connus sont entièrement empêchés de se charger sur les pages, et la protection contre le suivi des liens supprime le suivi ajouté aux URL pendant votre navigation ».

Firefox propose **Enhanced Tracking Protection**, qui bloque par défaut les traqueurs connus et les cryptomineurs (en général, le mode « Standard » bloque les traqueurs sociaux, tandis que « Strict » en bloque davantage). Ses extensions **Facebook Container** et **Multi-Account Containers** permettent d'isoler des sites dans des conteneurs distincts, empêchant le suivi intersites basé sur les cookies.

Bloqueurs de publicités : Des extensions comme uBlock Origin (module complémentaire du navigateur ou blocage à l'échelle du système) peuvent bloquer publicités, traqueurs et même scripts. Bloquer les pubs n'est pas seulement une question de vitesse ou de confort ; cela empêche aussi de nombreux scripts de suivi de se charger. Par exemple, vous pouvez utiliser **uBlock Origin** sur Chrome/Firefox, ou utiliser le navigateur **Brave**, qui intègre un blocage fort des publicités et des traqueurs.

Protection contre le fingerprinting : Certains navigateurs (Firefox, Brave, Safari) tentent de réduire la possibilité d'identification par empreinte. Safari « présente une configuration système simplifiée afin que davantage d'appareils paraissent identiques aux traqueurs ». Brave et Firefox peuvent bloquer ou randomiser certains identifiants (par exemple, blocage de l'empreinte canvas dans Brave Shields, option Resist Fingerprinting dans les réglages de confidentialité de Firefox).

5.2 Navigation privée et conteneurs

Utilisez le mode privé/incognito pour les sessions que vous ne souhaitez pas conserver. Cela empêche l'historique local et les cookies de persister. Cependant, attention : le mode privé ne masque *pas* votre trafic aux observateurs réseau (il reste exposé comme en mode normal). Il aide surtout sur le même appareil.

Pour une séparation à plus long terme, les **conteneurs** du navigateur (par exemple l'extension Multi-Account Containers de Firefox) sont très utiles. Vous pouvez attribuer des identités (conteneurs) à différents sites (par exemple travail vs personnel). Chaque conteneur dispose de son propre stockage, donc les cookies de l'un ne fuient pas vers les autres. Cela empêche, par exemple, Facebook de suivre vos visites sur d'autres sites via des cookies partagés. Exemple : Gmail dans un conteneur, les banques dans un autre, et les réseaux sociaux dans un troisième.

5.3 Comparaison de la confidentialité des navigateurs

Aperçu rapide de navigateurs populaires et de leurs fonctionnalités de confidentialité :

- **Safari (Apple) :** Intelligent Tracking Prevention (ITP) par défaut ; Rapports de confidentialité ; sandboxing. La navigation privée verrouille automatiquement les fenêtres inactives (authentification requise). Apple a une position forte sur la confidentialité (également avec relais privé intégré, similaire à un VPN ; voir le chapitre 7).

- **Firefox (Mozilla) :** Forte protection antipistage par défaut ; open-source ; prise en charge de nombreuses extensions de confidentialité. Les traqueurs sociaux et intersites sont bloqués par défaut. Les utilisateurs peuvent activer le mode « Strict » pour davantage de blocage.

- **Brave :** Blocage intégré des publicités et des traqueurs (Brave Shields), randomisation de l'empreinte, fenêtres Tor intégrées (basé sur Chromium). Conçu « privacy-first » ; propose aussi Brave Firewall+VPN sur certaines plateformes.

- **DuckDuckGo Privacy Browser (mobile) :** Axé sur la confidentialité ; bloque les traqueurs ; utilise la recherche DuckDuckGo par défaut ; interface plus simple.

- **Google Chrome et Microsoft Edge :** Par défaut, plus permissifs ; mais proposent un mode incognito et un DoH optionnel. Des extensions sont nécessaires pour plus de confidentialité (comme uBlock Origin, HTTPS Everywhere). Edge (Chromium) propose certains niveaux de prévention du suivi.

- **Tor Browser :** Le plus privé (basé sur Firefox ESR). Achemine le trafic via le réseau Tor (plusieurs sauts). Protège contre la surveillance réseau et le fingerprinting par conception (tous les utilisateurs paraissent identiques). Le principal inconvénient est la vitesse et certaines incompatibilités avec des sites.

Nous ne pouvons pas lister tous les navigateurs, mais en règle générale : utilisez un navigateur qui permet de bloquer facilement les traqueurs et qui se met à jour fréquemment. Au quotidien, Firefox ou Brave sont de bons choix ; utilisez Tor Browser si vous avez besoin d'un anonymat fort (par exemple pour contourner la censure).

5.4 Configurations de navigateur sécurisées

Voici quelques conseils pour configurer votre navigateur de manière sécurisée, quel que soit le navigateur choisi :

- Utilisez HTTPS partout. De nombreux navigateurs utilisent désormais HTTPS par défaut ou proposent un mode « HTTPS uniquement » (Firefox). L'extension **HTTPS Everywhere** (de l'EFF) peut forcer l'utilisation de HTTPS lorsque c'est possible.

- Désactivez les fuites WebRTC. Les navigateurs qui prennent en charge WebRTC (Chrome, Firefox, Edge) peuvent, dans certaines conditions, divulguer votre véritable adresse IP. Des extensions ou des réglages permettant de désactiver WebRTC (par exemple, dans Firefox, `media.peerconnection.enabled = false` dans `about:config`) aident à empêcher ces fuites.

- Activez l'option « Ne pas me suivre » (même si la plupart des traqueurs l'ignorent). Plus important encore, utilisez uBlock Origin ou les bloqueurs de contenu intégrés.

- Évitez d'installer trop d'extensions (chacune augmente la surface d'attaque). Limitez-vous aux extensions reconnues et maintenez-les à jour.

- Désactivez le remplissage automatique et l'enregistrement des mots de passe dans le navigateur si vous utilisez un gestionnaire de mots de passe dédié (bonne hygiène de sécurité).

5.5 Exemple : activer le DoH de Firefox

Voici, étape par étape, comment activer le DNS-over-HTTPS dans Firefox (multiplateforme) :

1. Ouvrez **Paramètres** → **Général** → **Paramètres réseau** (en bas de la page).
2. Cliquez sur **Paramètres...** à côté de « Paramètres réseau ».
3. Faites défiler vers le bas et cochez **Activer le DNS sur HTTPS**.
4. Choisissez un fournisseur (Cloudflare par défaut) ou saisissez-en un personnalisé.

5. Cliquez sur **OK**.

Désormais, Firefox enverra les requêtes DNS via HTTPS, indépendamment du système DNS. Vous pouvez le vérifier dans `about:networking#dns` (Firefox 98+) ou `about:debugging#/runtime/this-firefox` dans les versions plus anciennes.

6 Paramètres de confidentialité du système d'exploitation et de l'appareil

Au-delà des applications et des réseaux, le système d'exploitation de votre appareil intègre des contrôles de confidentialité. Nous abordons ici les réglages clés sous Windows, macOS, Android et iOS, ainsi que certaines extensions de navigateur et des outils à l'échelle du système.

6.1 Confidentialité Windows

Paramètres Windows 11/10 :

- **Paramètres Confidentialité et sécurité :** Allez dans **Paramètres → Confidentialité et sécurité** pour configurer les paramètres de sécurité et les autorisations Windows/apps. Par exemple, sous **Autorisations Windows → Général**, vous pouvez désactiver des options comme « Autoriser les applications à m'afficher des publicités personnalisées en utilisant mon identifiant publicitaire ».

- **Autorisations :** Sous **Confidentialité et sécurité → Autorisations des applications**, contrôlez quelles applications peuvent accéder à la caméra, au microphone, à la localisation, etc. N'autorisez que les applications essentielles.

- **Services de localisation :** Désactivez la localisation si elle n'est pas nécessaire, ou limitez-la à certaines applications.

- **Diagnostics et télémétrie :** Dans **Paramètres →
  Confidentialité et sécurité → Diagnostics et
  commentaires**, définissez les données de diagnostic sur
  « Obligatoires » uniquement et désactivez les expériences
  personnalisées. (En entreprise, on peut parfois aller plus
  loin via la stratégie de groupe.)

- **Limiter le partage de données avec Microsoft :**
  Désactivez l'envoi de données supplémentaires sur
  l'utilisation des produits Microsoft.

- **Pare-feu Windows et VPN :** Assurez-vous que le pare-
  feu intégré est activé. Un VPN intégré à Windows (SSTP,
  PPTP, IKEv2) peut aussi être configuré sous **Réseau et
  Internet → VPN** si vous n'utilisez pas de client tiers.

- **BitLocker :** Activez le chiffrement complet du disque
  BitLocker pour protéger les données de votre ordinateur
  (Paramètres → Confidentialité et sécurité → Chiffrement
  de l'appareil).

6.2 Confidentialité macOS

macOS dispose d'un modèle de sécurité robuste. Étapes clés :

- **Préférences Système → Sécurité et confidentialité
  :** Dans l'onglet Confidentialité, examinez **Services de
  localisation, Contacts, Calendriers, Appareil
  photo, Microphone, Accès complet au disque,
  Enregistrement d'écran**, etc. N'accordez aux
  applications que ce dont elles ont exactement besoin.

- **Sécurité Safari :** Les réglages de Safari incluent
  l'activation de l'avertissement sur les sites web
  frauduleux, le blocage des fenêtres

contextuelles/publicités, etc.

- **FileVault :** Activez FileVault (chiffrement complet du disque) pour protéger les données au repos.

- **Gatekeeper et mises à jour :** Maintenez macOS à jour. Dans Sécurité et confidentialité → Général, autorisez uniquement l'App Store ou l'App Store + les développeurs identifiés.

- **Pare-feu :** Activez le pare-feu macOS (Sécurité et confidentialité → Pare-feu). L'option « Mode furtif » empêche votre Mac de répondre aux sondages.

6.3 Confidentialité Android

Android a renforcé la confidentialité dans ses versions récentes :

- **Autorisations :** Dans Paramètres → Confidentialité → Gestionnaire d'autorisations, vérifiez l'utilisation par autorisation (Localisation, Appareil photo, etc.). Révoquez ce qui n'est pas nécessaire.

- **Services de localisation :** Vous pouvez autoriser la localisation uniquement lorsque l'application est utilisée, ou la désactiver au niveau du système.

- **Activité en arrière-plan :** Paramètres → Applications → Tout afficher → [app] → Batterie : limitez l'utilisation en arrière-plan pour les applications qui n'en ont pas besoin.

- **DNS privé :** Comme indiqué plus tôt dans ce livre, configurez le DNS privé sur un résolveur chiffré (Paramètres → Réseau et Internet → Avancé → DNS privé).

- **Notifications sur l'écran de verrouillage :** Limitez ce qui s'affiche sur l'écran de verrouillage lorsque l'appareil est verrouillé.

- **Services Google :** Dans les réglages Google (Comptes), désactivez la personnalisation des annonces et « Autoriser l'utilisation et les diagnostics » pour Google.

- **Android 14+ :** Le tableau de bord de confidentialité indique la fréquence d'accès des applications aux données sensibles. Utilisez-le pour repérer des comportements inhabituels. Par ailleurs, des fonctionnalités de Privacy Sandbox (comme des alternatives à FLoC) sont en train d'apparaître.

6.4 Confidentialité iOS

iOS est connu pour ses contrôles granulaires :

- **Réglages → Confidentialité et sécurité :** Vérifiez chaque catégorie (Services de localisation, Contacts, Photos, Microphone, etc.) et désactivez les accès indésirables.

- **Traqueurs :** Dans Réglages → Confidentialité et sécurité → Suivi, désactivez « Autoriser les apps à demander le suivi » pour bloquer les demandes de suivi.

- **Safari** : Dans Réglages → (Apps →) Safari, activez « Empêcher le suivi intersites » et « Masquer l'adresse IP » (depuis iOS 14). Consultez aussi le « Rapport de confidentialité » pour voir les traqueurs bloqués.

- **Rapport de confidentialité des apps** : iOS 15+ peut générer un rapport montrant l'accès des apps aux capteurs et au réseau (Réglages → Confidentialité et sécurité → Rapport de confidentialité des apps). Activez-le pour auditer les apps.

- **Services de localisation** : Sous Confidentialité et sécurité → Services de localisation, vous pouvez configurer différentes options selon vos besoins, comme les autorisations pour les apps et les services système.

- **Analyses et améliorations** : Allez dans Confidentialité et sécurité → Analyses et améliorations pour configurer le partage des analyses de l'iPhone et d'autres options comme « Améliorer Siri et la dictée ».

Relais privé iCloud : Si vous disposez d'iCloud+ (désormais inclus dans Apple One, etc.), vous pouvez utiliser Relais privé (Réglages → [Votre nom] → iCloud → Relais privé). Ce service chiffre le trafic Safari en le faisant transiter par deux serveurs : l'un connaît votre IP, l'autre connaît la destination, de sorte qu'aucune partie ne connaît les deux. (Nous le couvrons en détail dans le chapitre suivant.)

6.5 Extensions et utilitaires pour navigateurs

Outre les réglages de confidentialité de l'OS et de l'appareil, vous pouvez renforcer votre confidentialité avec des extensions et des outils système :

- **Applications VPN :** Sujet abordé dans les chapitres précédents. Sur un mobile, installez l'app de votre VPN pour vous connecter et acheminer le trafic via le VPN.

- **AdGuard (au niveau de l'application) :** Sur un mobile, AdGuard propose des apps (Android, iOS) qui offrent un filtrage DNS à l'échelle du système (via une technique de VPN local). Elles imposent un DNS chiffré, bloquent les pubs et peuvent filtrer les traqueurs même en dehors du navigateur.

- **Gestionnaire de mots de passe :** Même si ce sujet n'est pas traité en profondeur ici, un gestionnaire de mots de passe (Bitwarden, 1Password) peut améliorer la sécurité. iOS et Android permettent une intégration avec le remplissage automatique du système. Certains navigateurs, comme Google Chrome, disposent de fonctionnalités de « surveillance des mots de passe » qui peuvent vous alerter si l'un de vos mots de passe enregistrés apparaît dans une fuite de données.

- **Application d'authentification à deux facteurs :** Utilisez une application d'authentification (Authy, Google Authenticator) plutôt que les SMS pour la 2FA. Cela ne protège pas directement le trafic réseau, mais peut faire partie d'une bonne hygiène de sécurité globale.

7 Relais privé iCloud d'Apple

Avec iOS 15/macOS Monterey, Apple a introduit **relais privé iCloud** pour Safari. Pour comprendre comment il se compare aux outils traditionnels :

- **Ce qu'il fait :** Dans Safari, après avoir activé relais privé iCloud, vos requêtes DNS et votre trafic web sont chiffrés et acheminés via *deux relais* exploités par deux entités différentes. Le premier relais (exploité par Apple) connaît votre adresse IP, mais vous attribue une adresse temporaire aléatoire. Le second relais (CDN partenaire) connaît le site que vous consultez, mais ne voit qu'une adresse IP brouillée/masquée (celle d'Apple). Ainsi, *aucune partie ne peut voir à la fois votre identité et votre destination.* Votre adresse IP est masquée aux sites web (ils voient l'adresse IP du relais) et le contenu de votre navigation est masqué à votre FAI. Les requêtes DNS sont aussi chiffrées et proxifiées.

- **Limitations :** Relais privé ne fonctionne que dans Safari (et certaines apps utilisant la pile réseau système, par exemple Météo). Il ne prend *pas* en charge le trafic des autres navigateurs ou applications. Un abonnement iCloud+ est requis. Il peut aussi ne pas fonctionner avec un DNS personnalisé ou sur certains réseaux, à moins d'activer « Limiter le suivi de l'adresse IP » sur les réseaux Wi-Fi ou cellulaires (comme indiqué dans le guide d'Apple). Des restrictions régionales s'appliquent (le service n'est pas disponible partout).

- **Profil de confidentialité :** C'est un peu comme un VPN léger, uniquement pour Safari. Comme Apple impose que chaque relais soit géré par une entreprise différente, même Apple ne peut pas voir les deux extrémités. Selon Apple, « aucune partie (pas même Apple ni votre fournisseur d'accès au réseau) ne peut associer une adresse IP à un site web ». Les sites web ne voient qu'une localisation générale (pays/fuseau horaire) si vous l'autorisez.

Ce chapitre explore en profondeur relais privé iCloud : ses objectifs de conception, son modèle de confidentialité, ses limites, la configuration pratique sur iPhone/iPad et Mac, ainsi que le dépannage. Vous aurez des instructions pas à pas et des vérifications pour confirmer que relais privé est actif.

7.1 Aperçu : qu'est-ce que le relais privé iCloud ?

Relais privé iCloud d'Apple est une fonctionnalité de confidentialité pour les abonnés iCloud+ qui vise à masquer votre navigation web dans Safari (et certaines requêtes du système DNS) aux observateurs du réseau. Son idée centrale est la confiance partagée : le trafic est acheminé via deux relais distincts, de sorte qu'aucune partie ne puisse voir à la fois qui vous êtes et quels sites vous consultez.

Relais d'entrée (Apple) : voit l'adresse IP de l'utilisateur, mais pas le nom d'hôte de destination (le contenu de la requête est chiffré).

Relais de sortie (CDN partenaires) : voit la destination du site web, mais ne reçoit qu'une adresse IP temporaire, adaptée à la région, qui n'identifie pas l'utilisateur.

Cette conception implique :

- Apple ne peut pas relier votre véritable adresse IP à votre destination de navigation.

- Votre FAI / réseau local ne peut pas lire le DNS ni la destination complète de votre trafic Safari.

- Il ne fournit pas la même couverture qu'un VPN pour l'ensemble de l'appareil : relais privé protège principalement le trafic Safari.

7.2 Avantages et compromis

Avantages :

- Facile à activer : intégré à iOS/macOS pour les utilisateurs iCloud+ (un seul commutateur).

- Aucune configuration par app : fonctionne automatiquement pour Safari et certaines résolutions système DNS.

- Modèle de confiance partagée : aucun opérateur réseau (pas même Apple) ne voit à la fois votre identité et vos destinations.

- Chiffre le DNS et le trafic Safari : protège la navigation contre l'espionnage du réseau local (par exemple, le Wi-Fi public).

Compromis / limitations :

- Ne couvre que Safari (et une partie du système DNS). Le trafic des autres navigateurs ou apps n'est pas automatiquement relayé.

- Pas de sélection de serveur (impossible de choisir des IP de sortie par pays comme avec un VPN).

- Ne remplace pas un VPN ou Tor lorsqu'une couverture complète de l'appareil ou un anonymat maximal est requis.

- Indisponible sur certains réseaux gérés/captifs ou dans certains pays/environnements réglementaires.

7.3 Qui devrait utiliser relais privé ?

Relais privé iCloud peut convenir à :

- Des utilisateurs Apple au quotidien qui veulent une fonctionnalité pratique améliorant la confidentialité pour la navigation web.

- Des personnes qui veulent masquer leur navigation Safari aux réseaux locaux et aux FAI sans installer d'apps tierces.

- Des utilisateurs qui préfèrent une architecture à confiance partagée plutôt que de confier tout leur trafic à un seul fournisseur VPN.

Ce n'est pas idéal pour :

- Les utilisateurs qui doivent faire transiter tout le trafic des apps via une localisation tierce (par exemple, pour accéder à des services géorestreints via un autre pays).

- Les utilisateurs qui ont besoin d'un anonymat élevé face à des adversaires : utilisez Tor.

7.4 Prérequis et compatibilité

Avant de configurer relais privé :

1. Vous devez avoir un abonnement iCloud+ associé à l'identifiant Apple utilisé sur l'appareil.

2. Mettez à jour vers une version d'OS prise en charge :

   - iOS/iPadOS : versions récentes (les fonctionnalités iOS 15+ améliorent le comportement ; utilisez la dernière version stable).

   - macOS : Monterey ou ultérieur (avec les derniers correctifs) pour une compatibilité optimale.

3. Relais privé peut être indisponible sur certains réseaux, dans certaines régions ou sur des appareils gérés (MDM/profils d'entreprise).

7.5 Activer et configurer relais privé sur iPhone/iPad

1. Ouvrez Réglages → appuyez sur votre identifiant Apple (votre nom) → iCloud.

2. Appuyez sur Relais privé.

3. Activez Relais privé.

4. À côté du commutateur, vous pouvez configurer l'option de localisation de l'adresse IP :

   - Conserver une localisation générale, ou
   - Utiliser le pays et le fuseau horaire

5. Facultatif : configurez le comportement par réseau :

- ○ Ouvrez Réglages → Wi-Fi → (appuyez sur ⓘ à côté d'un réseau) → activez/désactivez « Limiter le suivi de l'adresse IP ». Cela active/désactive relais privé pour ce réseau Wi-Fi précis.

Remarques :

Si vous essayez d'activer relais privé et que « Non disponible » s'affiche, consultez la section Dépannage ci-dessous.

Si un VPN couvrant tout l'appareil est actif, relais privé peut être désactivé ou ne pas fonctionner comme prévu afin d'éviter des conflits entre technologies de tunnelisation.

7.6 Activer et configurer relais privé sur macOS

1. Ouvrez Réglages Système (menu Apple → Réglages Système) → cliquez sur votre identifiant Apple → iCloud.

2. Trouvez Relais privé et activez-le.

3. Définissez les préférences de localisation de l'adresse IP (mêmes options que sur iOS).

4. Pour configurer le comportement par réseau : ouvrez Réglages Système → Réseau → Wi-Fi → Détails du réseau → « Limiter le suivi de l'adresse IP » (activer/désactiver).

Remarques :

Relais privé iCloud affecte la navigation Safari sur macOS. Les outils en ligne de commande (Terminal, `curl`, etc.) n'utilisent généralement pas relais privé ; ils peuvent utiliser la pile réseau système, mais ne sont pas relayés de la même manière que Safari.

7.7 Comment vérifier que relais privé est actif

Voici des vérifications pratiques pour confirmer que relais privé fonctionne pour Safari :

État visuel dans les réglages (vérification rapide)

- iPhone : Réglages → Identifiant Apple → iCloud → Relais privé indique Activé/Désactivé.

- macOS : Réglages Système → Identifiant Apple → iCloud → Relais privé affiche l'état.

Utiliser Safari et vérifier votre IP via un service web

- Ouvrez Safari et visitez un site public « quelle est mon IP » (par exemple https://ipchicken.com ou http://ipv4.icanhazip.com).

- Si relais privé est activé, l'adresse IP publique affichée devrait être différente de celle attribuée par votre FAI.

Remarque importante : Comme relais privé cible spécifiquement Safari (et une partie du système DNS), ces tests doivent être effectués dans Safari. Utiliser d'autres navigateurs ou exécuter `curl http://ipv4.icanhazip.com` dans le Terminal sur macOS peut afficher votre véritable adresse IP.

7.8 Dépannage de relais privé

Si relais privé ne semble pas fonctionner ou affiche « Non disponible » :

1. Confirmez l'abonnement iCloud+ et l'identifiant Apple. Allez dans Réglages → Identifiant Apple → iCloud et vérifiez que la connexion est effectuée avec le même identifiant Apple et que iCloud+ est actif.

2. Vérifiez la version de l'OS. Mettez à jour vers la dernière version iOS/iPadOS/macOS pour assurer la compatibilité.

3. Désactivez les outils réseau conflictuels :

   o Les clients VPN (appareil complet) désactivent souvent relais privé : désactivez temporairement votre VPN pour tester.

   o Les proxys DNS locaux ou les outils de capture de paquets peuvent interférer avec relais privé.

4. Restrictions réseau : Certains réseaux (gérés en entreprise, portails captifs, ou certains FAI) bloquent relais privé. Essayez un autre réseau Wi-Fi ou le réseau cellulaire.

5. Vérifiez les profils MDM : Les appareils gérés par une organisation (MDM) peuvent avoir des réglages/restrictions empêchant relais privé.

6. Désactivez/réactivez relais privé : Parfois, réauthentifier le compte iCloud ou désactiver puis réactiver la fonctionnalité corrige des problèmes temporaires. Vous pouvez aussi redémarrer l'appareil.

7.9 Avancé : interaction avec les VPN, le DNS et les navigateurs

Relais privé iCloud vs VPN pour l'ensemble de l'appareil : Si un VPN couvrant tout l'appareil est actif, relais privé peut être désactivé, ou le trafic de relais privé peut transiter par le VPN selon le comportement du système d'exploitation. Sur iOS, le système tend à privilégier un seul tunnel réseau actif. Pour une protection complète et prévisible sur l'ensemble de l'appareil, un VPN est à privilégier.

Configurations DNS : Si vous avez configuré manuellement un DNS privé ou des paramètres de résolveur personnalisés, relais privé peut ne pas acheminer le DNS comme prévu pour Safari. En particulier, certains DNS personnalisés ou un filtrage local peuvent entrer en conflit avec le fonctionnement de relais privé.

Plusieurs navigateurs : Relais privé iCloud protège Safari. Si vous utilisez Chrome ou Firefox, envisagez leurs propres options DoH/DoT et/ou un VPN pour une couverture complète de l'appareil.

7.10 Analyse de la confidentialité et de la sécurité de relais privé

Points forts :

- Élimine le « point de défaillance unique » pour la confidentialité (aucune entité ne voit à la fois l'identité de l'utilisateur et la destination).

- Intégration par défaut : Apple gère l'infrastructure et l'expérience, ce qui permet aux utilisateurs non techniques d'améliorer leur confidentialité sans configurer des outils plus complexes.

Risques restants :

- Les relais (entrée/sortie) voient toujours des données partielles (adresse IP ou destination). En théorie, un adversaire disposant d'un contrôle légal ou technique sur les deux relais pourrait corréler ces données. L'architecture d'Apple affirme l'indépendance entre les deux opérateurs.

- La couverture est limitée à Safari : des apps peuvent toujours divulguer des données via d'autres canaux (cookies, connexions à des comptes, analytics).

- La politique et la mise en œuvre technique d'Apple peuvent changer ; les utilisateurs doivent rester attentifs aux déclarations de confidentialité d'Apple et aux audits de tiers (le cas échéant).

7.11 Conseils pratiques et réglages recommandés

- Utilisez relais privé iCloud pour la navigation quotidienne dans Safari, et associez-le à une bonne hygiène de navigation : utilisez un gestionnaire de mots de passe (par ex. Trousseau iCloud), des bloqueurs de traqueurs, et des moteurs de recherche respectueux de la confidentialité si besoin.

- Si vous avez besoin d'une protection sur tout l'appareil (toutes les apps), choisissez un VPN de confiance avec une politique claire de non-conservation des logs (idéalement auditée) et privilégiez les protocoles modernes (WireGuard ou OpenVPN). Vous pouvez aussi créer votre propre VPN. Voir le chapitre 3 pour plus de détails.

- Ne vous fiez pas seulement à relais privé si vous avez de forts besoins d'anonymat : combinez-le avec Tor, ou basculez vers Tor si nécessaire.

- Performances : si un site exige du contenu localisé (par ex. des actualités locales), réglez la localisation IP de relais privé sur « Conserver une localisation générale ». Si vous souhaitez un masquage géographique plus important, choisissez « Utiliser le pays et le fuseau horaire ».

- En cas de dépannage de la connectivité : désactivez temporairement les VPN, le DNS personnalisé, les proxys de blocage des pubs, et les profils réseau afin d'isoler le problème.

7.12 FAQ : réponses rapides

Q : Relais privé masque-t-il ma navigation à Apple ?
R : Pas complètement : le relais d'entrée d'Apple voit les IP sources, mais pas la destination ; un opérateur de sortie distinct voit la destination, mais pas la source. Le modèle de confiance partagée est conçu pour qu'Apple ne voie pas les deux en même temps.

Q : Relais privé fonctionne-t-il en Wi-Fi et en cellulaire ?
R : Oui (si votre opérateur/réseau ne le bloque pas et si votre abonnement iCloud+ est actif).

Q : Relais privé ralentira-t-il la navigation ?

R : En général, pas de manière notable pour une navigation web classique, mais cela peut ajouter de la latence par rapport à une connexion directe. Tor est généralement plus lent ; certains VPN peuvent être plus rapides ou plus lents selon le protocole/le serveur.

Q : Puis-je utiliser relais privé et un VPN en même temps ?

R : Dans la plupart des cas, un VPN au niveau système remplace ou désactive relais privé. Le comportement peut varier ; testez et choisissez l'outil qui correspond à vos besoins de couverture.

Q : Relais privé est-il disponible dans le monde entier ?

R : Il est largement disponible, mais peut être restreint ou désactivé dans certaines régions ou sur des réseaux d'entreprise gérés.

7.13 Remarques finales

Relais privé iCloud d'Apple est un outil de confidentialité réfléchi et facile à utiliser, qui relève le niveau de confidentialité de base pour des millions d'utilisateurs de Safari. Son architecture à double relais est particulièrement attrayante pour celles et ceux qui préfèrent ne pas accorder une confiance totale à un seul opérateur VPN – et pour les personnes qui veulent une amélioration sans friction, sans installer de logiciels tiers. Cependant, relais privé ne remplace pas un VPN. Utilisez-le pour une navigation sûre au quotidien sur les appareils Apple, et combinez-le avec un VPN système pour le reste du trafic ou lorsque vous avez besoin d'un anonymat plus élevé.

8 Tor : aperçu, configuration et usage pratique

Ce chapitre explique ce qu'est Tor, comment fonctionne le routage en oignon, ainsi que les cas d'usage courants et les limites. Il propose des tutoriels pas à pas, spécifiques à chaque plateforme, pour installer et utiliser Tor Browser (Windows, macOS, Linux, Android, iOS), explique comment configurer et utiliser des ponts et des transports enfichables (par ex. obfs4), et, pour les utilisateurs avancés, comment publier un service onion simple.

Remarque : Tor offre de fortes propriétés d'anonymat lorsqu'il est utilisé correctement, mais aucun système ne garantit un anonymat parfait. Tor protège les métadonnées de routage par conception ; des fuites au niveau applicatif (par ex. se connecter à un compte personnel) peuvent vous désanonymiser. Gardez toujours Tor Browser à jour et suivez les étapes de durcissement recommandées. Pour les ressources officielles Tor, les téléchargements et la documentation, consultez le projet Tor.

8.1 Qu'est-ce que Tor ?

Tor (The Onion Router) est un réseau superposé gratuit, géré par des bénévoles, qui aide les utilisateurs à préserver leur anonymat en ligne en acheminant le trafic via une série de relais chiffrés, de sorte qu'aucun relais ne connaisse à la fois l'origine et la destination d'un flux. Tor est implémenté et distribué par le projet Tor et est largement utilisé pour la protection de la confidentialité, le contournement de la censure, la recherche sécurisée et d'autres usages légitimes.

- **Comment Tor fonctionne (bref) :** Votre client Tor choisit un chemin aléatoire de (généralement) trois relais : un nœud d'entrée (guard), un nœud intermédiaire et un nœud de sortie. Chaque saut ne connaît que son prédécesseur et son successeur. Les données sont chiffrées par couches (« couches d'oignon ») ; chaque relais retire une couche et transmet le reste, de sorte qu'aucun nœud ne voit à la fois l'IP source et la destination.

- **Propriétés clés :** aide à masquer à votre FAI les sites que vous visitez ; aide à masquer votre IP aux sites de destination ; permet d'accéder aux services .onion (services cachés) accessibles uniquement à l'intérieur du réseau Tor.

Pour plus d'informations sur le projet Tor (par ex. en quoi Tor consiste et pourquoi il existe), consultez le site du projet Tor (https://www.torproject.org).

8.2 Quand utiliser Tor : avantages et limites

- **Utilisez Tor lorsque :** vous avez besoin d'un fort anonymat (militants, journalistes, chercheurs dans des environnements répressifs), pour contourner la censure du réseau, ou pour accéder à des services onion.

- **Ne comptez pas sur Tor pour :** les tâches à haut débit (téléchargements volumineux ou streaming vidéo HD – Tor est lent comparé aux connexions directes), ni pour protéger vos données après avoir établi une connexion à des comptes identifiants (par ex. votre compte Google personnel). Tor masque le routage, pas le contenu que vous fournissez à un site lorsque vous vous authentifiez.

- **Rappel du modèle de menace :** Tor protège l'anonymat au niveau du routage. Un terminal compromis (malware), le fingerprinting du navigateur, ou des sessions de connexion liées à votre identité réelle peuvent compromettre l'anonymat.

Pour une comparaison entre Tor, relais privé et les VPN, et pour vous aider à décider quel outil est approprié à vos objectifs, voir le chapitre 9, Relais privé vs VPN et Tor.

8.3 Tor Browser : installation et premiers pas

8.3.1 Obtenir Tor Browser

Source officielle : Téléchargez toujours Tor Browser depuis le site du projet Tor pour éviter des versions altérées. Les téléchargements officiels et les signatures sont disponibles sur la page de téléchargement du projet Tor.

8.3.2 Windows : installation graphique et première exécution

1. Ouvrez votre navigateur et allez sur `https://www.torproject.org/download/`. Vérifiez les sommes de contrôle/signatures si vous le pouvez.

2. Cliquez sur **Télécharger pour Windows**, enregistrez puis lancez l'installateur.

3. Suivez l'assistant d'installation, choisissez l'emplacement d'installation, puis cliquez sur **Terminer** à la fin.

4. Lancez Tor Browser depuis le menu Démarrer. Au premier lancement, Tor Browser affiche un écran « Connecter » (ou une option « Configurer » si vous êtes derrière un réseau restrictif / si vous avez besoin de ponts).

5. Cliquez sur **Connecter** pour vous connecter automatiquement au réseau Tor ; ou cliquez sur **Configurer** pour paramétrer des ponts/transports enfichables si votre réseau bloque Tor. (Voir la section sur les ponts ci-dessous.)

Note pour utilisateurs avancés (Windows WSL / administrateurs système) : Tor Browser est conçu pour être utilisé via son interface graphique. Si vous avez besoin d'un daemon Tor système sous Windows pour des applications qui prennent en charge les proxys SOCKS, vous pouvez exécuter une version Windows de `tor` (avancé), mais suivez les instructions du projet Tor concernant les signatures et une configuration sûre. Pour la navigation web, privilégiez toujours le paquet Tor Browser.

8.3.3 macOS

1. Rendez-vous sur la page de téléchargement du projet Tor et récupérez la version macOS.

2. Ouvrez le fichier `.dmg` téléchargé et faites glisser **Tor Browser.app** vers `/Applications`.

3. Ouvrez **Tor Browser.app** (vous devrez peut-être
   autoriser l'application dans **Sécurité et confidentialité**
   lors du premier lancement). Utilisez les mêmes options
   Connecter / Configurer décrites ci-dessus.

8.3.4 Linux (exemple Ubuntu/Debian)

Option 1 : paquet avec interface graphique (recommandé) :
téléchargez `tor-browser-linux64-*.tar.xz` depuis le projet
Tor, extrayez-le et exécutez `start-tor-browser.desktop`.
Exemple :

```
# Exemple : extraire et démarrer Tor Browser
# dans l'espace utilisateur
tar -xvf tor-browser-linux64-*.tar.xz
cd tor-browser_en-US
./start-tor-browser.desktop
```

Option 2 : `torbrowser-launcher` (Ubuntu) : un utilitaire qui
télécharge et configure Tor Browser pour vous :

```
sudo apt update
sudo apt install torbrowser-launcher
torbrowser-launcher
```

Remarque : `torbrowser-launcher` télécharge le paquet
officiel de Tor Browser et vérifie les signatures. Confirmez la
source du paquet et la signature avant l'installation.

8.3.5 Android

Tor Browser pour Android est une application officielle. Elle
est disponible sur Google Play et sous forme d'APK depuis le
projet Tor. Installez-la depuis le Play Store, ou récupérez

l'APK sur le site du projet Tor.

8.3.6 iOS

Il n'existe pas de Tor Browser officiel pour iOS au moment de la rédaction. Le projet Tor recommande des apps iOS comme **Onion Browser** et **Orbot** pour accéder à Tor sur iOS. Comme Apple impose WebKit aux navigateurs sur iOS, les navigateurs iOS ne peuvent pas offrir les mêmes protections de confidentialité que Tor Browser sur ordinateur. Reportez-vous aux recommandations du projet Tor pour iOS.

8.4 Ponts et transports enfichables

Lorsqu'un réseau (FAI, pare-feu national) bloque l'accès au réseau Tor, vous pouvez utiliser des **ponts** et des **transports enfichables** pour masquer le trafic Tor et vous connecter. Tor propose plusieurs options de transport (obfs4 est couramment utilisé). Les paramètres de connexion de Tor Browser incluent un bouton « Utiliser un pont » et des options pour saisir des lignes de pont.

8.4.1 Ponts : étape par étape (Tor Browser)

1. Ouvrez Tor Browser → cliquez sur **Configurer** dans la boîte de dialogue de connexion initiale (ou ouvrez Préférences → Tor → Paramètres de connexion).

2. Sélectionnez **Oui** lorsqu'on vous demande si votre connexion est censurée.

3. Choisissez **Utiliser un pont**. Sélectionnez un type de pont parmi ceux proposés :

- **obfs4** : le transport enfichable le plus largement recommandé pour contourner la censure.

- **meek** : camoufle le trafic dans des requêtes CDN/HTTPS (utile lorsque obfs4 est bloqué ou lorsque vous avez besoin d'un comportement proche du « domain fronting »).

4. Sélectionnez « Demander un pont à torproject.org » (Tor tentera de récupérer des ponts) ou **obtenir une ligne de pont** via la page de demande de pont du projet Tor, par e-mail, ou via les canaux de distribution de ponts du projet Tor, puis collez la chaîne du pont dans la zone prévue.

5. Cliquez sur **Connecter**. Si ce pont échoue, essayez une autre ligne de pont ou un autre transport.

8.4.2 Avancé : utiliser obfs4proxy avec un système Tor

Réservé aux utilisateurs avancés : si vous exécutez tor en tant que service système et souhaitez utiliser obfs4, vérifiez que obfs4proxy est installé et ajoutez des lignes de pont au fichier torrc. Exemple :

```
# Exemple d'entrées torrc (système : /etc/tor/torrc)
ClientTransportPlugin obfs4 exec /usr/bin/obfs4proxy
Bridge  obfs4  <bridge_address>  <bridge_fingerprint>
cert=<cert> iat-mode=0
UseBridges 1
```

Après modification de torrc, rechargez ou redémarrez Tor :

```
sudo systemctl restart tor
sudo journalctl -u tor -f
```

Remarque : N'utilisez que des ponts obtenus via des canaux de distribution officiels.

8.5 Renforcement de Tor Browser et bonnes pratiques

- **Utilisez toujours le bundle Tor Browser pour naviguer, et non des navigateurs classiques configurés pour utiliser Tor :** Tor Browser inclut de nombreux correctifs de durcissement et des fonctions de confidentialité (résistance au fingerprinting, isolation des ressources internes/externes, politiques HTTPS-First, etc.).

- **Bloquez les plugins et assistants externes :** N'installez pas de plugins (Flash, Java, ni extensions arbitraires) dans Tor Browser ; ils peuvent provoquer des fuites ou neutraliser les protections.

- **Ne désactivez les scripts que si nécessaire :** Tor Browser propose un curseur de niveau de sécurité. JavaScript améliore les fonctionnalités, mais peut accroître la surface de fingerprinting. Utilisez le curseur **Niveau de sécurité** pour renforcer la protection (JavaScript est désactivé au niveau le plus élevé).

- **Maintenez la prudence avec les téléchargements :** Ouvrir des fichiers téléchargés (PDF, documents Office) en dehors de Tor Browser peut lancer des applications externes qui se connectent hors de Tor et divulguent votre véritable IP. Si vous devez manipuler un fichier, ouvrez-le dans un environnement isolé (VM jetable ou Tails) et privilégiez « afficher dans le navigateur » quand c'est possible.

- **Utilisez des ponts et des transports enfichables pour contourner la censure locale.**

- **Gardez Tor Browser à jour.** Le projet Tor publie régulièrement des mises à jour et des correctifs de sécurité.

8.6 Tails : OS live livré avec Tor par défaut

Si vous avez besoin d'un environnement jetable et orienté confidentialité, envisagez Tails – The Amnesic Incognito Live System – une distribution Linux live qui achemine tout le trafic réseau via Tor et ne conserve pas de données sauf configuration explicite. Tails est utile dans des environnements à haut risque et pour ouvrir des fichiers sensibles dans une session isolée. Référez-vous au site de Tails (https://tails.net) pour les instructions de téléchargement et d'installation.

8.7 Avancé : exécuter un service onion (caché)

Les utilisateurs avancés peuvent exécuter un service onion (caché). Les services onion permettent d'héberger des services accessibles uniquement au sein du réseau Tor (adresses se terminant par `.onion`). Cet exemple montre un service onion HTTP minimal sous Linux.

Ce que vous hébergerez (exemple)

- Un petit site statique servi par `nginx` sur localhost, port `8080`.

- Un service caché Tor qui associe un nom d'hôte onion à ce port local.

Installer Tor et nginx (exemple Debian/Ubuntu)

```
sudo apt update
sudo apt install tor nginx -y
```

Configurer votre service onion (modifier torrc)

Ajoutez à `/etc/tor/torrc` :

```
HiddenServiceDir /var/lib/tor/hidden_service/
HiddenServiceVersion 3
HiddenServicePort 80 127.0.0.1:8080
```

- `HiddenServiceDir` sera créé par Tor et contiendra `hostname` (votre `.onion`) et les fichiers de clé privée.

- `HiddenServiceVersion` 3 sélectionne les adresses onion v3 modernes (plus sûres que la v2). Utilisez toujours v3 aujourd'hui.

Redémarrez Tor :

```
sudo systemctl restart tor
sudo journalctl -u tor -f
```

Configurer nginx (exemple)

Créez `/etc/nginx/sites-available/tor-site` :

```
server {
    listen 127.0.0.1:8080;
    server_name localhost;

    location / {
```

```
        root /var/www/tor-site;
        index index.html;
    }
}
```

Activez et démarrez nginx :

```
sudo mkdir -p /var/www/tor-site
echo "<h1>Hello from Tor hidden service</h1>" \
  | sudo tee /var/www/tor-site/index.html
sudo ln -s /etc/nginx/sites-available/tor-site \
  /etc/nginx/sites-enabled/
sudo systemctl restart nginx
```

Récupérer votre nom d'hôte onion

Une fois que Tor a créé le répertoire du service caché, lisez le nom d'hôte :

```
sudo cat /var/lib/tor/hidden_service/hostname
# affichera quelque chose comme : abcde.onion
```

Vous pouvez maintenant accéder à votre site en visitant l'adresse .onion dans Tor Browser (ordinateur ou mobile). L'adresse n'est résoluble que via Tor.

8.8 Dépannage et diagnostic

- **Tor Browser ne se connecte pas ?** Essayez **Configurer → Utiliser un pont** et testez obfs4 ; vérifiez si votre réseau applique des règles de pare-feu bloquant les ports 9001 ou 9030 (ORPort/DirPort). Consultez les logs Tor (Paramètres réseau Tor ou console du navigateur).

- **Tor est lent ?** Tor est conçu pour l'anonymat, pas pour la vitesse. Utilisez-le lorsque cela est nécessaire ; évitez le streaming de gros médias.

- **Mon service onion ne se résout pas ?** Vérifiez que `HiddenServiceDir` existe et que Tor a bien redémarré après les modifications. Cherchez des erreurs via `/var/log/tor` ou `journalctl -u tor`.

8.9 Remarques finales

Tor est un outil puissant lorsqu'il est utilisé correctement et combiné à une sécurité opérationnelle rigoureuse. Ce chapitre vous a donné le contexte conceptuel, des étapes d'installation pratiques sur les principales plateformes, la configuration des ponts et transports enfichables, des conseils de durcissement de Tor Browser et un tutoriel minimal de service onion.

Pour plus d'informations et sujets avancés (déploiements Tor personnalisés, intégration avec d'autres outils de confidentialité, ou services onion en production), consultez la documentation et les ressources communautaires du projet Tor (https://www.torproject.org).

9 Relais privé vs VPN et Tor

Dans ce chapitre, nous comparons **relais privé iCloud** d'Apple aux VPN et à Tor, et nous explorons des exemples et des scénarios pratiques.

9.1 Relais privé vs VPN

Un VPN chiffre *tout* votre trafic réseau et modifie votre localisation apparente selon le serveur VPN choisi. Relais privé ne couvre que Safari. Les VPN exigent de faire confiance au fournisseur (qui voit votre trafic et votre adresse IP réelle). Relais privé répartit la confiance (Apple ne connaît pas le site que vous visitez, et le partenaire CDN ne sait pas qui vous êtes). Les deux utilisent un chiffrement robuste. Les VPN peuvent utiliser n'importe quel port (souvent UDP) et fonctionnent pour toutes les applications. Relais privé passe par HTTPS (TCP 443) et ne concerne que Safari. Si vous avez besoin d'une adresse IP d'un pays précis ou si vous voulez couvrir toutes les applications, un VPN est préférable. Si vous voulez surtout la confidentialité sur Safari et que vous faites confiance à l'implémentation d'Apple, relais privé est pratique et intégré.

9.2 Relais privé vs Tor

Tor achemine votre trafic via au moins 3 nœuds ; il masque très efficacement votre adresse IP. Relais privé n'utilise que 2 sauts (Apple et un partenaire). Tor est plus anonyme (pas de fournisseur central, réseau de bénévoles, et il masque aussi davantage de métadonnées), mais il est souvent plus lent. Utilisez Tor Browser pour un anonymat robuste ; utilisez relais privé pour une confidentialité modérée sans la complexité de Tor. Relais privé ne vous anonymise pas vis-à-vis des sites web de la même manière que Tor : il masque surtout votre adresse IP exacte.

9.3 Tableaux comparatifs : Relais privé vs VPN et Tor

9.3.1 Tableau A : Comparaison des fonctionnalités et de l'expérience utilisateur

Fonctionnalité / Propriété	Relais privé (iCloud+)	VPN (commercial ou auto-hébergé)
Couverture (quel trafic)	Safari (et certains systèmes DNS) uniquement	Appareil entier (toutes les apps) lorsque activé
Facilité d'utilisation	Très facile (interrupteur système)	Facile via des apps ; moyen en configuration manuelle
Sélection du serveur (choix du pays)	Non (seulement au niveau régional)	Oui — selon le fournisseur, choix du pays de sortie
Modèle de confiance	Confiance partagée : Apple + sortie tierce	Fournisseur unique (il faut faire confiance à l'opérateur VPN)
Risque de journalisation	Réduit via le modèle à deux relais ; logs	Variable selon le fournisseur & la juridiction

Fonctionnalité / Propriété	Relais privé (iCloud+)	VPN (commercial ou auto-hébergé)
	limités à chaque saut	(certains journalisent)
Performances (latence & vitesse)	Faible surcharge (souvent rapide pour la navigation)	Variable – WireGuard est rapide ; OpenVPN modéré
Coût	Inclus avec iCloud+	Gratuit (auto-hébergé) à abonnement
Contourne les géoblocages	Limité (pas de sélection par pays)	Oui – choix complet du pays/serveur
Fonctionne sur Wi-Fi public	Oui pour Safari	Oui pour tout le trafic
Protège contre la journalisation DNS du FAI	Oui pour le DNS de Safari	Oui (si le VPN pousse un DNS)
Cas d'usage typique	Confidentialité de navigation quotidienne sur appareils Apple	Confidentialité complète de l'appareil, accès régional

Fonctionnalité / Propriété	Tor (Tor Browser / réseau Tor)
Couverture (quel trafic)	Tor Browser (trafic via Tor Browser / apps configurées)

Fonctionnalité / Propriété	Tor (Tor Browser / réseau Tor)
Facilité d'utilisation	Modérée à complexe (Tor Browser est le plus simple)
Sélection du serveur (choix du pays)	Pas de contrôle d'un nœud de sortie précis ; préférences possibles avec risques
Modèle de confiance	Décentralisé, relais bénévoles (pas d'opérateur unique de confiance)
Risque de journalisation	Faible sur le réseau Tor officiel (mais les nœuds de sortie voient le trafic de destination)
Performances (latence & vitesse)	Le plus lent (plusieurs sauts, relais bénévoles)
Coût	Gratuit (réseau Tor)
Contourne les géoblocages	Parfois ; la géolocalisation du nœud de sortie peut aider, mais peu fiable pour le streaming
Fonctionne sur Wi-Fi public	Oui, mais plus lent et certains réseaux bloquent Tor
Protège contre la journalisation DNS du FAI	Oui (Tor résout via le réseau Tor)
Cas d'usage typique	Anonymat élevé, contournement de la censure (avec compromis de vitesse)

9.3.2 Tableau B : Comparaison confidentialité / modèle de menaces

Menace / Objectif	Relais privé	VPN
Masquer la navigation au réseau local/FAI (Safari)	Oui (conçu pour cela)	Oui (si tout le trafic passe par le VPN)
Éviter qu'un acteur central voie à la fois « qui » et « quoi »	Oui (conçu pour cela : relais séparés)	Non (le fournisseur voit origine & destination)
Résister à un adversaire mondial puissant (ex. État)	Limité – surtout contre des observateurs « casuels », pas garanti contre des adversaires très puissants ou contrôlant les deux relais	Variable – le fournisseur peut être contraint ; l'auto-hébergement réduit certains risques
Protéger toutes les apps & vecteurs de fuite	Non – Safari uniquement	Oui si VPN « appareil complet »
Se défendre contre le	Limité (masque l'IP)	Limité (masquer l'IP aide ;

Menace / Objectif	Relais privé	VPN
fingerprinting ou le suivi via connexion		cookies/fingerprinting restent)
Garantie « sans logs »	Partielle – chaque relais voit moins de données ; dépend des opérateurs	Variable – dépend de la politique & des audits

Menace / Objectif	Tor
Masquer la navigation au réseau local/FAI (Safari)	Oui (les circuits Tor masquent l'origine)
Éviter qu'un acteur central voie à la fois « qui » et « quoi »	Oui (relais distribués ; aucune partie ne voit les deux extrémités)
Résister à un adversaire mondial puissant (ex. État)	Meilleur – la décentralisation réduit le point unique de compromission, même si des attaques par corrélation existent
Protéger toutes les apps & vecteurs de fuite	Seulement Tor Browser ou apps configurées
Se défendre contre le fingerprinting ou le suivi via connexion	Meilleur avec les mesures anti-fingerprinting de Tor Browser
Garantie « sans logs »	Élevée – pas de logs centralisés (mais les nœuds de sortie voient le

Menace / Objectif	Tor
	contenu s'il n'est pas chiffré)

9.4 Exemples et scénarios pratiques

Scénario 1 : Utilisateur « quotidien » sur Wi-Fi public

- Objectif : Empêcher l'opérateur du Wi-Fi du café (ou un espion du hotspot) de voir précisément les sites visités dans Safari.

- Recommandation : Activer relais privé iCloud (simple, automatique). Si vous devez protéger toutes les applications, utilisez plutôt un VPN réputé (ou auto-hébergé).

Scénario 2 : Accéder à du contenu de streaming géorestreint

- Objectif : Faire croire à un service que vous êtes dans un autre pays.

- Recommandation : Utiliser un VPN avec un serveur dans le pays cible (relais privé ne permet pas de choisir librement un pays de sortie, au-delà d'options régionales limitées).

Scénario 3 : Journalistes/militants ayant besoin d'un anonymat robuste

- Objectif : Anonymat élevé et meilleure résistance face à des adversaires puissants.

- Recommandation : Utiliser Tor Browser et suivre une hygiène opérationnelle Tor (éviter les comptes personnels, éviter les plugins qui peuvent désanonymiser, etc.).

En résumé, choisissez l'outil adapté à vos objectifs :

- Pour la confidentialité quotidienne sur Safari (appareils Apple) : relais privé est une excellente option.
- Pour une couverture « appareil complet » (toutes les apps), le choix géographique du serveur, ou le streaming : utilisez un VPN.
- Pour un anonymat robuste et le contournement de la censure : utilisez Tor (avec une sécurité opérationnelle rigoureuse).

10 Intelligence artificielle (IA) et confidentialité

Avec la prolifération des fonctionnalités d'intelligence artificielle (IA), il faut aussi considérer la confidentialité dans ce contexte. De nombreuses applications modernes intègrent l'IA (assistants vocaux, IA générative, intelligence sur l'appareil). Dans ce chapitre, nous couvrons des principes importants et des exemples.

10.1 IA sur l'appareil vs IA dans le cloud

Une distinction clé est de savoir si le traitement IA se fait *sur l'appareil* ou dans le cloud. **L'IA sur l'appareil** signifie que vos données ne quittent pas votre matériel : seuls des résultats (ou des données très limitées) sont envoyés ailleurs. Apple met en avant cette approche : Apple Intelligence (Siri, reconnaissance d'images, etc.) s'exécute par défaut sur l'appareil. Pour les tâches complexes, Apple utilise « Private Cloud Compute », qui n'envoie que le minimum de données nécessaire et, selon l'entreprise, ne stocke pas vos informations personnelles.

Samsung adopte une approche similaire avec Galaxy AI (sur les téléphones Galaxy récents). Samsung met en avant des outils sur l'appareil comme Live Translate, Audio Eraser, etc., qui gardent les « entrées... dans les limites de votre téléphone ». Même pour les fonctions basées sur le cloud, Samsung affirme ne pas stocker les données à long terme et ne pas les utiliser pour l'entraînement : « les données personnelles ne sont jamais stockées à long terme ni utilisées pour l'entraînement de l'IA ». Il est également possible de désactiver le traitement en ligne si souhaité. En 2023, Google a également annoncé la transcription sur appareil pour les téléphones Pixel.

En résumé, on observe une tendance : les appareils récents cherchent à exécuter davantage d'IA localement, ou au moins à minimiser ce qui est envoyé vers le cloud. En tant qu'utilisateurs, nous pouvons privilégier l'IA sur l'appareil plutôt que l'IA cloud pour une meilleure confidentialité.

10.2 Outils d'IA générative

Lors de l'utilisation d'outils d'IA générative comme ChatGPT et Bard, les utilisateurs doivent être prudents :

- **Conservation des données :** Beaucoup de services de chat enregistrent vos messages et réponses à des fins de qualité/entraînement, sauf si vous vous y opposez. Par exemple, OpenAI indique désormais que les utilisateurs peuvent *refuser* que leurs données soient utilisées pour l'entraînement, et peuvent supprimer entièrement des conversations. Vérifiez toujours les « contrôles des données » dans l'application (par ex. dans les réglages de ChatGPT).

- **Mode privé :** Certaines applications ou extensions proposent un mode « navigation privée ». Par exemple, DuckDuckGo indique que Duck.ai fonctionne en arrière-plan et ne journalise pas les requêtes pour l'entraînement, en stockant les conversations uniquement sur votre appareil. Il met en avant une IA optionnelle et privée : « les fonctionnalités IA sont optionnelles et peuvent être désactivées ». Si la confidentialité est critique, utilisez ce type d'outil ou des chats via proxy « anonymes » comme Duck.ai.

- **LLM locaux :** Plus récemment, des modèles comme GPT-4o (OpenAI) et Llama (Meta) peuvent fonctionner en mode léger sur l'appareil. Ce sont des domaines en évolution. L'avantage : vos données ne quittent pas l'appareil.

- **Conseil général :** Ne collez pas d'informations sensibles dans des chats IA. Utilisez toujours HTTPS et, si disponible, l'isolation du navigateur. Certains services (comme Google Workspace) garantissent que les données d'entreprise ne sont pas utilisées pour l'entraînement des modèles, ce qui peut aider dans certains usages.

10.3 L'IA dans les appareils intelligents et les assistants vocaux

Les appareils intelligents et les assistants vocaux (p. ex. Alexa, Google Assistant, Siri) soulèvent certaines préoccupations de confidentialité :

- **Tampons du mot d'activation :** Certains assistants vocaux écoutent en continu et n'envoient des données qu'après détection du « mot d'activation ». D'autres mettent tout l'audio en mémoire tampon temporairement. Il est important de savoir combien de temps ces données sont conservées.

- **Consulter les enregistrements :** Vous pouvez généralement consulter et supprimer les enregistrements vocaux dans votre compte (Amazon, Google, Apple), ce qui est une bonne pratique de confidentialité.

- **Sur l'appareil vs cloud :** Les améliorations récentes de Siri et de Google déplacent davantage de reconnaissance sur l'appareil, ce qui réduit la quantité de données audio envoyées. Vérifiez si votre appareil propose un réglage « reconnaissance vocale sur l'appareil » (par exemple, la conversion voix-texte de Google Pixel Recorder est sur l'appareil par défaut).

- **Alexa et Ring :** Si vous utilisez des appareils Amazon, n'oubliez pas qu'Alexa peut stocker des transcriptions. Pensez à purger régulièrement l'historique vocal.

- **Modes de confidentialité :** De nombreux assistants permettent de désactiver l'écoute permanente (p. ex. via un bouton coupant le micro, ou en disant « Alexa, désactive le micro »).

En résumé, traitez les assistants IA comme n'importe quel appareil toujours actif : réduisez l'exposition en les désactivant quand vous n'en avez pas besoin, et utilisez des fonctions sécurisées (sur l'appareil) lorsque c'est possible.

11 Perspectives : Confidentialité pilotée par l'IA : défenses intelligentes

À l'avenir, l'intelligence artificielle (IA) peut renforcer significativement votre confidentialité en ligne lorsqu'elle est intégrée à des technologies comme les réseaux privés virtuels (VPN). Par exemple, l'IA peut rendre les VPN plus intelligents, plus adaptatifs et plus proactifs. Elle ne se contente pas de masquer votre adresse IP : elle analyse activement les menaces, adapte les protections et vous aide à faire des choix éclairés pour votre sécurité numérique.

Voici plusieurs mécanismes clés par lesquels l'IA peut fonctionner avec les VPN et d'autres outils pour améliorer la confidentialité.

11.1 Sélection intelligente des serveurs et optimisation du trafic

Les VPN traditionnels acheminent votre trafic via un serveur fixe ou un emplacement choisi manuellement. L'IA va plus loin en :

- **Analysant la latence et la charge en temps réel :** Un modèle d'IA surveille les temps de réponse des serveurs, l'utilisation de la bande passante et les statistiques de perte de paquets sur des centaines de points de sortie. Lorsque vous vous connectez, le système choisit le serveur « optimal » offrant à la fois un chiffrement robuste et un ralentissement minimal.

- **Équilibrant la charge de façon dynamique :** Si un nœud de sortie VPN commence à subir une congestion ou des pics de trafic inhabituels, l'IA peut basculer instantanément votre connexion vers un nœud plus sain sans que vous vous en rendiez compte, tout en maintenant vitesse et confidentialité.

Pourquoi c'est important :
Des connexions plus rapides et plus fiables réduisent la tentation de désactiver le VPN. Les ajustements continus de l'IA vous évitent le « ping-pong VPN » (se déconnecter/reconnecter à un autre serveur) ou la désactivation du chiffrement – des comportements courants qui dégradent la confidentialité.

11.2 Détection des anomalies et des menaces en temps réel

Même si votre trafic est chiffré, des informations peuvent fuiter via les points de terminaison ou les requêtes DNS. L'IA renforce la détection d'activités suspectes par le biais de :

- **Analyse du trafic basée sur un profil :** Des modèles d'apprentissage automatique « apprennent » vos habitudes typiques – heures de streaming, sites consultés, protocoles utilisés (p. ex. HTTPS vs HTTP en clair). Si une requête DNS soudaine et inexpliquée ou un motif de paquets IP inhabituel apparaît, l'IA le signale.

- **Listes de blocage automatiques et systèmes de réputation :** Les systèmes d'IA ingèrent en continu des flux de renseignement sur les menaces (adresses IP malveillantes, domaines de phishing, serveurs C2 de malwares connus). Ils recoupent vos requêtes sortantes en temps réel ; si votre appareil tente de contacter un domaine figurant sur la liste de blocage, le client VPN peut automatiquement refuser ou rediriger cette requête DNS.

Pourquoi c'est important :
Beaucoup de fuites de confidentialité ne viennent pas de votre localisation physique, mais d'appels « invisibles » effectués en arrière-plan par le navigateur ou les applications. L'IA repère ces signaux « bruyants » plus vite qu'un pare-feu statique à règles, ce qui empêche les fuites de données ou le passage discret de cookies de suivi.

11.3 Force de chiffrement adaptative

La plupart des VPN utilisent par défaut un seul algorithme de chiffrement (p. ex. AES-256). L'IA permet un **chiffrement contextuel** en :

- **Évaluant l'environnement réseau** (Wi-Fi public vs réseau domestique vs réseau professionnel).

- **Évaluant le niveau de menace en temps réel** (par exemple, si l'utilisateur accède à des sites financiers ou à des plateformes sensibles).

- **Modulant la suite cryptographique :**

    - Avec le Wi-Fi d'un café, l'IA peut imposer AES-256 avec un hachage SHA-512 et une nouvelle clé éphémère à chaque session.

    - À domicile – où le routeur est connu et la sécurité matérielle élevée – l'IA peut autoriser AES-128 pour réduire l'usage CPU et économiser la batterie sur mobile.

Pourquoi c'est important :
Vous obtenez une confidentialité maximale lorsque cela est le plus critique et des performances raisonnables lorsque le risque est moindre. Les clients VPN statiques ne peuvent pas faire ces compromis en temps réel : soit vous utilisez un chiffrement maximal en permanence (batterie/CPU), soit vous affaiblissez le chiffrement pour économiser des ressources.

11.4 Coupe-circuit automatisé et réparation de connexion

Un « kill switch » (coupe-circuit) coupe tout le trafic Internet si le tunnel VPN s'effondre de manière inattendue – empêchant une fuite non chiffrée. L'IA améliore cela grâce à :

- **Prédiction des coupures :** En surveillant la qualité du signal, le jitter et les tendances de perte de paquets, un modèle d'IA peut souvent anticiper une déconnexion imminente (p. ex. vous sortez de la zone Wi-Fi). Le client peut alors basculer de façon proactive vers le meilleur réseau suivant (données cellulaires, autre Wi-Fi) sans exposer votre adresse IP réelle.

- **Récupération instantanée :** Si une coupure se produit, l'IA orchestre une mini « renégociation » des paramètres de chiffrement et rouvre rapidement un tunnel sécurisé – souvent plus vite qu'un humain ne le remarquerait.

Pourquoi c'est important :
Même quelques secondes d'interruption peuvent exposer votre IP réelle ou vos requêtes DNS. La surveillance proactive

de l'IA aide à rester derrière un tunnel chiffré en permanence.

11.5 Préréglages de confidentialité personnalisés

L'IA peut apprendre vos habitudes – sites consultés, applications utilisées, horaires, etc. – puis :

- **Activer/désactiver automatiquement le VPN** pour certaines applications ou certains domaines.

    - Quand vous ouvrez votre application bancaire, le VPN est forcé.

    - Quand vous regardez une vidéo géorestreinte, l'IA sélectionne automatiquement un serveur dans le bon pays.

- **Bloquer de façon adaptative les publicités et les traqueurs.**

    - Si vous consultez souvent des sites d'actualité qui intègrent des dizaines de traqueurs tiers, l'IA peut comparer ces appels de domaines à une liste de confidentialité sélectionnée et bloquer les traqueurs au niveau DNS ou HTTP.

- **Suggérer des améliorations du « score » de confidentialité.**

    - Vous pourriez recevoir un « Rapport de confidentialité » hebdomadaire indiquant : « Vous avez rencontré 7 nouveaux traqueurs tiers cette semaine – pensez à activer le blocage agressif des traqueurs sur ces domaines. »

Pourquoi c'est important :
Au lieu de vous obliger à mémoriser des dizaines de réglages, l'IA gère la complexité. Vous choisissez simplement un niveau global (p. ex. « Travail », « Streaming », « Finances ») et le système se configure.

11.6 Confidentialité DNS pilotée par l'apprentissage automatique

Même avec un VPN, des fuites DNS peuvent révéler les sites web consultés. L'IA renforce la confidentialité DNS via :

- **Routage chiffré des requêtes DNS** (DNS sur HTTPS/TLS), où l'IA choisit dynamiquement le résolveur le plus rapide et le plus sûr.

- **Préchargement prédictif :** En observant votre comportement – « chaque matin à 8 h, vous consultez example-bank.com » – l'IA peut précharger des entrées DNS à l'avance via un canal chiffré, réduisant la latence sans toucher à votre navigation réelle.

- **Repli intelligent :** Si le résolveur chiffré principal tombe, l'IA bascule instantanément vers un résolveur chiffré secondaire (p. ex. de 1.1.1.1 de Cloudflare vers 8.8.8.8 de Google via DoT) sans « fail open ».

Pourquoi c'est important :
Le DNS chiffré ne sert pas seulement à masquer les domaines interrogés ; il aide aussi à réduire la collecte (journalisation/revente) de vos requêtes DNS. La surveillance continue de l'état des résolveurs par l'IA diminue le risque de retomber sur une résolution non chiffrée.

11.7 Renseignement sur les menaces et listes de blocage pilotées par l'IA

Les fournisseurs de VPN s'abonnent de plus en plus à des flux mondiaux de renseignement sur les menaces – des listes continuellement mises à jour de :

- plages d'adresses IP malveillantes (botnets, distributeurs de spam)
- domaines d'hameçonnage ou de logiciels malveillants nouvellement enregistrés
- serveurs connus de « fingerprinting » ou de « tracking »

L'IA ingère ces flux en temps réel, les corrèle avec toute télémétrie locale (tentatives de connexion échouées, certificats SSL à l'apparence suspecte) et bloque ou met en quarantaine des points de terminaison suspects :

- **Puits DNS local :** Si une application tente de se connecter à un domaine de suivi connu, l'IA peut réécrire cette requête DNS vers `0.0.0.0`, ce qui revient à la rendre injoignable.

- **Avertissement proactif :** Lorsque vous tentez de visiter un site figurant dans la base de données d'hameçonnage, l'IA peut vous avertir via une boîte de dialogue « Avertissement : site suspect – continuer ? » avant le chargement.

Pourquoi c'est important :
Les listes de blocage statiques deviennent obsolètes en quelques jours. L'IA sélectionne, élague et priorise en continu les entrées les plus pertinentes pour vous – en réduisant les faux positifs tout en s'assurant que de véritables domaines malveillants ne passent jamais au travers.

11.8   Renforcement contre l'empreinte comportementale

Même derrière un VPN, des sites web peuvent reconstituer une « empreinte » de navigateur (taille d'écran, version de l'OS, polices installées, etc.) pour vous suivre. L'IA peut aider en :

- **Détectant les scripts de collecte d'empreinte :** Des modèles d'apprentissage automatique analysent à la volée le JavaScript d'un site. S'ils reconnaissent des motifs de code utilisés pour le fingerprinting canvas ou l'énumération des polices, ils bloquent ces scripts ou les isolent (sandbox).

- **Injectant du bruit :** Quand le blocage est impossible, l'IA injecte un « bruit » subtil et aléatoire dans l'empreinte. Par exemple, elle peut ajuster légèrement le fuseau horaire déclaré ou randomiser la sortie canvas – suffisamment pour casser la cohérence de l'empreinte, sans casser le fonctionnement du site.

Pourquoi c'est important :
Un VPN masque votre adresse IP, mais le fingerprinting peut relier plusieurs sessions malgré tout. La détection et l'atténuation en temps réel des collecteurs d'empreinte par l'IA colmatent cette faille.

11.9 Audit et rapports de confidentialité continus

Enfin, l'IA peut produire des « audits de confidentialité » en continu en arrière-plan :

- **Rapports de détection de fuites :** Chaque semaine, un script d'IA vérifie si votre adresse IP ou votre DNS a déjà « fuité », en comparant des journaux issus de services d'audit externes.

- **Synthèses d'usage :** « Vous avez passé 5 heures à regarder du streaming cette semaine. Nous avons repéré 12 traqueurs différents sur le site de streaming – souhaitez-vous activer un blocage des traqueurs plus agressif la prochaine fois ? »

- **Score de confidentialité :** Sur la base de vos comportements (p. ex. la fréquence des changements de réseau, le nombre de traqueurs tiers rencontrés, le nombre de déconnexions VPN inattendues), l'IA vous attribue un « score de confidentialité » sur 100. Avec le temps, elle recommande des ajustements précis (p. ex. « Passez votre VPN en mode "toujours actif" sur mobile » ou « Optez pour un service DNS piloté par l'IA avec filtrage anti-malware »).

Pourquoi c'est important :
La plupart des gens ne voient pas les fuites discrètes d'informations personnelles. L'analyse continue et les rapports faciles à comprendre de l'IA éduquent les utilisateurs et les incitent à adopter de meilleures habitudes, ce qui améliore durablement leur posture de confidentialité.

11.10 Remarques finales

À l'avenir, en combinant les atouts fondamentaux d'un VPN (masquage de l'IP, tunnels chiffrés) avec l'intelligence adaptative et en temps réel de l'IA, vous pouvez obtenir une solution de confidentialité qui :

- **Garde une longueur d'avance sur les menaces émergentes** (domaines d'hameçonnage zero-day, nouvelles techniques de fingerprinting).
- **Optimise les performances vs la sécurité** (chiffrement plus fort seulement quand nécessaire).
- **Réduit la configuration manuelle** (préréglages personnalisés et automatisés).
- **Bloque les traqueurs cachés** (blocage DNS adaptatif, détection de scripts).
- **Assure une protection continue** (kill switches intelligents, basculement automatique du serveur).

En substance, l'IA pourrait transformer un VPN ou une technologie similaire : d'un « tunnel » statique, elle en ferait un gardien de la confidentialité proactif et auto-ajustable – qui apprend vos habitudes, réagit aux menaces émergentes et s'optimise sans intervention constante. Le résultat serait une expérience de confidentialité fluide, très fiable et plus robuste que ce qu'un VPN ou l'IA, seuls, pourraient offrir.

Conclusion : Construire sa boîte à outils de confidentialité à l'ère de l'IA

Dans ce livre, nous avons exploré **l'éventail des outils modernes de confidentialité** :

- **Chiffrement (VPN, Tor, DNS chiffré)** pour protéger votre trafic des écoutes et masquer votre identité.
- **Anonymisation (Tor, relais privé iCloud)** pour empêcher qu'on vous relie à vos actions.
- **Contrôles locaux (navigateur, paramètres du système d'exploitation)** pour limiter la collecte de données sur votre appareil.
- **Choix de services (fournisseurs DNS, moteurs de recherche, outils d'IA)** qui respectent la confidentialité par politique ou par conception.
- **Confidentialité pilotée par l'IA avec des défenses intelligentes** pour une expérience fluide, fiable et robuste.

Aucune solution unique ne « résout » la confidentialité, mais en combinant des couches, vous pouvez vous protéger selon de nombreux scénarios. Par exemple, un empilement courant : utiliser un VPN ou relais privé pour l'anonymat IP ; activer un DNS chiffré ou DNSCrypt pour masquer les requêtes ; naviguer avec un navigateur renforcé (Firefox avec uBlock Origin ou des conteneurs, ou Safari avec Intelligent Tracking Prevention (ITP)) ; et limiter les autorisations des applications au niveau du système d'exploitation. Cela couvre les couches réseau, application et OS. Combinez ces pratiques avec une confidentialité pilotée par l'IA et des défenses intelligentes pour une expérience plus fluide.

Avec l'évolution des technologies (5G, IoT, nouvelles fonctions d'IA), le paysage de la confidentialité change. Maintenez-vous au courant : les nouvelles versions d'OS et les nouveaux appareils ajoutent souvent des fonctions de confidentialité (p. ex. Android Privacy Sandbox, le mode Isolement d'iOS). Les principes restent les mêmes : **minimiser les données partagées** et **chiffrer ce que vous pouvez**.

Rappelez-vous : la confidentialité est un processus continu, pas une configuration unique. Réévaluez régulièrement vos outils, mettez à jour les logiciels et adaptez-vous aux nouvelles menaces (p. ex. si Apple change le fonctionnement de relais privé, ou si une nouvelle technique de suivi apparaît). Vos efforts paient en gardant votre vie numérique plus sûre et plus privée.

Restez en sécurité, faites preuve de discrétion et prenez le contrôle de votre vie en ligne.

À propos de l'auteur

Lin Song, PhD, est ingénieur logiciel et développeur open source. Il a créé et maintient les projets Setup IPsec VPN sur GitHub depuis 2014, visant à créer son propre serveur VPN en quelques minutes seulement. Ses projets ont plus de 20 000 étoiles GitHub et plus de 30 millions de pulls Docker, et ont aidé des millions d'utilisateurs à configurer leurs propres serveurs VPN.

Rejoignez Lin Song
Amazon : https://amazon.com/author/linsong
GitHub : https://github.com/hwdsl2
LinkedIn : https://www.linkedin.com/in/linsongui

Merci de votre lecture ! J'espère que vous tirerez le meilleur parti de la lecture de ce livre. S'il vous a été utile, je vous serai très reconnaissant de laisser une note ou de publier un bref avis.

Merci,
Lin Song
Auteur